GROUPE PARLEMENTAIRE FRANÇAIS

DE L'ARBITRAGE INTERNATIONAL

ANNÉE [illegible]

Le Bilan du Groupe

Le Bilan du Groupe

La Conférence de Londres

et la Limitation des Armements

DELAGRAVE, Éditeur, PARIS

CONCILIATION INTERNATIONALE

EXTRAIT DES STATUTS

L'Association, dite *Conciliation Internationale*, a pour objet de développer la prospérité nationale à la faveur des bonnes relations internationales, et d'organiser ces bonnes relations sur une base permanente et durable.

Elle a son siège à Paris, 119, rue de la Tour, (XVIe arrondissement).

Les principaux moyens d'action par lesquels elle se propose de réaliser son œuvre sont les suivants : Education de l'opinion. Développement de l'arbitrage. Rectification des informations tendancieuses. Revue Internationale. Publications, conférences, congrès, auditions, expositions. Diffusion des langues étrangères. Echange de visites internationales entre Parlements, commerçants, étudiants, associations scientifiques, artistiques, ouvrières, professionnelles. Missions et expéditions scientifiques. Fondation de prix et de bourses de voyage. Echange international d'enfants, d'élèves, de professeurs, d'ouvriers. Création, en dehors de tout esprit de parti, d'une *Maison des Etrangers*, centre de relations entre les personnalités d'élite du monde entier.

S'adresser pour tous renseignements, adhésions, etc., *119, rue de la Tour, Paris, XVIe.* — Téléphone 690-92 et 691.88. Télégrammes [illegible]

GROUPE PARLEMENTAIRE FRANÇAIS

DE L'ARBITRAGE INTERNATIONAL

ANNÉE 1906

PREMIÈRE PARTIE

LE BILAN DU GROUPE

DEUXIÈME PARTIE

La Conférence de Londres et la Limitation des Armements

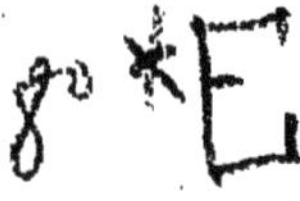

DELAGRAVE, Éditeur, PARIS

AVERTISSEMENT

Ce bulletin contient **deux suppléments.**

1° Hommage adressé à M. Th. ROOSEVELT, Président des Etats-Unis. Parchemin en quatre feuilles, enluminé d'un cadre en couleur et revêtu de plusieurs centaines de signatures. (Réduction au tiers).

2° Reproduction de la médaille frappée par la *Conciliation Internationale* et offerte, le 25 Août 1906, à chacun des Sauveteurs Allemands accourus au secours de leurs frères de France, au lendemain de la catastrophe de Courrières.

*
* *

Nos membres trouveront dans le bulletin précédent du mois d'Avril, en vente chez Delagrave, éditeur, Paris (0.25), toutes les indications concernant les statuts, la formation, l'origine et les développements de la *Conciliation Internationale ;* la constitution de son bureau, la liste de ses Membres d'honneur, son programme, ainsi que la liste des Membres et le programme du Groupe Parlementaire Français de l'Arbitrage International, absolument distinct et indépendant de la Conciliation, mais poursuivant une œuvre semblable.

Seuls, les membres actuels du Sénat et de la Chambre des Députés de France peuvent faire partie du Groupe Parlementaire de l'Arbitrage.

La Conciliation Internationale au contraire est ouverte à toutes les personnalités ou collectivités attachées, sans distinction de pays, aux principes qu'elle a pour objet de propager et que résume sa devise : *« Pro Patriâ per orbis Concordiam »*.

Les adhésions à la Conciliation doivent être adressées au Secrétariat, 119, rue de la Tour Paris (16ᵉ) ; les souscriptions au Trésorier, M. A. KAHN, banquier, 102, rue de Richelieu.

Les adhésions au Groupe de l'Arbitrage sont soumises au bureau par les Membres ou par les Secrétaires du Groupe : MM. Jules Rais, attaché à la bibliothèque de la Chambre des Députés, Secrétaire Général ; Piogey, à la bibliothèque du Sénat, Secrétaire-adjoint.

A titre d'essai, cette année, afin d'éviter un double travail et des frais inutiles, nous publions le présent bulletin pour les deux associations, l'action de l'une intéressant l'autre.

PREMIÈRE PARTIE

LE BILAN

Composition du Bureau
et Liste des Membres
du Groupe Parlementaire Français de l'Arbitrage International
au 15 Août 1906

BUREAU DU GROUPE

Présidents d'Honneur

MM. BERTHELOT, DE COURCEL, E. LABICHE, CH. DE FREYCINET, Sénateurs.

Président

M. D'ESTOURNELLES DE CONSTANT, Sénateur.

Vice-Présidents

MM. BOUDENOOT, POIRRIER, Sénateurs ; DE LA BATUT, BAUDIN, BEAUQUIER, BERTEAUX, DUBIEF, FLANDIN, JAURÈS, G. MÉNIER, Députés.

Secrétaires et Membres du Comité d'Action

MM. BIDAULT, DEMARÇAY, Sénateurs ; MM. AJAM, CHÉRON, CODET, CORDEROY, CORNET, COUYBA, GÉRALD, GODARD, GRILLON, JANET, LARQUIER, MESSIMY, VIGOUROUX, Députés.

Questeurs

MM. PEDEBIDOU, Sénateur ; PAJOT, Député.

MEMBRES DU GROUPE

MM. les Sénateurs

D'AUNAY.

BATAILLE, BEAUPIN, BELLE, BÉRENGER, BERGER Philippe, BERSEZ, BERTHELOT, BÉZINE, BIDAULT, BIENVENU-MARTIN, BIZOT DE FONTENY, BLANCHIER, BOISSIER, BOUDENOOT, BOURGEOIS Léon.

CALVET, CHABRIÉ, DE CHAMAILLARD, Charles DUPUY, CHAUTEMPS Emile, COCULA, COMBES, DE COURCEL.

DAUMY, DAVID Henri, DECRAIS, DELHON, DELPECH, DEMARÇAY, DESTIEUX-JUNCA, DUBOST Antonin, DUPONT Émile, DUPUY Jean, DUVAL.

ERMANT, D'ESTOURNELLES DE CONSTANT, EXPERT-BESANÇON.

FLAISSIÈRES, FORICHON, DE FREYCINET.

GACON, GAUTIER (Aude), GAUVIN, GAYOT, GIRARD Alfred, GOIRAND, GOMOT, GOTTERON, GOURJU, GOUTANT, GUÉRIN, GUILLIER, GUYOT.

HAULON.

KNIGHT.

LABBÉ, LE CHEVALIER, LEGRAND, LEYGUE Raymond, LINTILHAC, LORDEREAU, LOZÉ.

MAGNIN, MARET, MASCURAUD, MILLIÈS-LACROIX, MOLLARD, MONIS.

NÈGRE, NOEL.

PAMS, PÉDEBIDOU, PETITJEAN, PEYROT, PEYTRAL, PIC-PARIS, PIETTRE, PINAULT, PIOT, POCHON, POIRRIER, PREVET.

RATIER, RIOTTEAU, RIVET, ROUVIER (Charente-Inférieure).

SAINT-GERMAIN (Oran).

STRAUSS.

TROUILLOT.

VALLÉ, VELTEN, VIDAL DE SAINT-URBAIN, VINET.

WADDINGTON Richard.

MM. les Députés

Abel BERNARD, AIMOND, AJAM, Albert POULIN, ALDY, ALLARD, ALLEMANE, D'ALSACE D'HÉNIN, ANDRIEU, ARAGO François, Aristide BRIAND, ARMEZ, ASTIER, AUGÉ, AUTHIER, AYNARD.

BABAUD-LACROZE, BACHIMONT, BADUEL, BALANDREAU, BALITRAND, BALLANDE, BARTHOU, BAUDET Charles, BAUDET Louis, BAUDIN, BAUDON, BEAUQUIER, BELLIER, BÉNAZET, BERGER Georges, BERGER Pierre, BERTEAUX, BERTHET, BERTRAND Lucien, BERTRAND Paul, BESNARD, BIZOT, BLANC, BOUFFANDEAU, BOURÉLY, BOURRAT, BOUTTIÉ, BOUVERI, BOYER Antide, BOZONET, BRETON J.-L., BROUSSE Emmanuel, BRUNARD, BUISSON Ferdinand, BUSSIÈRE, BUYAT.

CAILLAUX, CAMUZET, CAPÉRAN, CARLIER, CARNAUD, CARNOT François, CAUVIN, CAZAUVIEILH, CAZEAUX-CAZALET, CAZENEUVE, CECCALDI, CÈRE, CHABERT Justin, CHAIGNE, CHAMBIGE, CHAMBON, DE CHAMBRUN, CHAMERLAT, CHANAL, CHANDIOUX, CHAPUIS (Meurthe-et-Moselle), CHAPUIS (Jura), Charles CHABERT, CHARONNAT, CHARPENTIER, CHASTENET, CHAUMET, CHAUSSIER, CHAUTARD, CHAUTEMPS Alpse, CHAUTEMPS Félix, CHAUVIÈRE, CHAVET, CHAVOIX, CHENAVAZ, CHÉRON, CHION-DUCOLLET, CHOPINET, CIBIEL (Vienne),

Clament, Clémentel, Codet, Colin, Colliard, Combrouze, Constans Paul, Constant Émile, Corderoy, Cornand, Cornet Lucien, Cosnier, Couderc, Coulondre, Coutant Jules, Couyba, Cruppi.

Dalimier, Dansette, Dauthy, Dauzon, David Fernand, Debaune, Debussy, Decker-David, Defumade, Dejeante, Delaunay, Delaune, Delbet, Deléglise, Delelis-Fanien, Deloncle Charles, Deloncle François, Delory, Delpierre, Demellier, Derveloy, Deschanel, Desfarges, G. Desplas, Devèze, Doumergue, Drelon, Gaston Dreyt (Hautes-Pyrénées), Dron, Dubief, Dubois, Dufour J., Dulau, Dumont Louis, Dumont Charles, Dunaime, Dupuy Pierre, Durre Henri, Dussaussoy, Dutreil.

Empereur, Euzière.

Failliot, Favre, Fernand Brun, Féron, Ferrero, Fievet, Fitte, Flandin Étienne, Fleurent, de Folleville (de Bimorel), Forcioli, Fort, Foy.

Gentil, Gérald, Gérault-Richard, Gervais, Godet F., Goujat, Gourd, Gouzy, Grillon, Grosdidier, Groussier, Guieysse, Guillemet, Guyot-Dessaigne.

Halleguen, Hauet, Hémon, Henri Roy (Loiret), Hugon, Humbert.

d'Iriart-d'Etchepare, Isoard.

Janet, Jaurès, Jeanneney, Joly (Antonny), Joyeux-Laffuie.

de Kerguézec.

de La Batut, Labori, Lachaud, Lafferre, Laroche, Larquier, Lassalle, Lauraine, Ledin, Lefèvre Abel, Leffet, Lefort, Léglise, Lemire, Lenoir, Leroy Modeste, Le Roy (Alfred), Lesage, de Lespinay, Levraud, Leygue Honoré, Lhopiteau, Louis-Dreyfus, Loup.

Magnaud (le Président), Mahieu, Maille, Mando, Maruéjouls, Massé, Maujan, Melin, Menier Gaston, Méquillet, Mercier, Messimy, Michel Henri, Millerand, Milliaux, Minier, Morel Jean, Morel Victor, Morlot, Mougeot, Mulac, Muteau.

Nicolas Léandre, Nicolle, Normand, Noulens.

Ollivier, Ossola, Pajot, Pasqual, Pastre, Paul Brousse, Paul Meunier, Péchadre, Pelisse Paul, Pelletan, Péret, Périer G., Péronneau, Péronnet, Petitjean, Peureux, Pichery, Pinault, Pierre Poisson, Plissonnier, Ponsot, Poullan, Pozzi, de Pressensé.

Rabier, Rajon, Rauline, Ravier, Raynaud, Razimbaud, Renard, René Renoult, Réveillaud, Réville Marc, Ribière, Rigal, Robert Surcouf, Roblin, Roch, Rouanet, Rouby, Rougier, Rousé, Roy Maurice (Charente-Infre), Rozier, Ruau.

Sabaterie, Salis, Sandrique, Sarraut, Sarrazin, Sauzède, Schmidt, Schneider Charles, Sembat, Siegfried, Simonet, Simyan, Sireyjol, Steeg.

Thierry J., Thierry-Cazes, Thivrier, Torchut, Tourgnol, Albert Tournier, Treignier.

Vacherie, Vaillant, Varenne, Vazeille, Veber Adrien, Vidon, Vigne Octave, Vigouroux, Villault-Duchesnois, Villejean, Violette, Viviani.

Walter, Willm.

Zévaès.

LE

Groupe Parlementaire Français

de

l'Arbitrage International

NOUVELLE LÉGISLATURE 1906-1910

La guerre russo-japonaise, puis l'affaire du Maroc et l'éventualité d'un conflit franco-allemand renouvelèrent la provision des arguments du chauvinisme contre nos tentatives d'organisation internationale.

A la fin de la législature 1902-1906 les attaques de la réaction faisaient rage contre toutes les œuvres républicaines et particulièrement contre l'arbitrage et contre notre Groupe. On ne tenait nul compte des résultats acquis, mais en revanche on nous faisait grief de toutes les complications que nous n'avions pu empêcher. Encore un peu et nous en étions seuls responsables ; exactement comme les bonapartistes d'aujourd'hui cherchent à rendre responsables de la guerre de 1870 non pas l'Empire qui la déchaîna, mais les républicains qui s'efforcèrent de la prévenir.

En même temps que nous étions attaqués, bon nombre de nos amis, intimidés, se laissaient acculer à la défensive ; ils négligeaient de revendiquer la grande part qu'ils avaient prise dans l'amélioration générale, dans l'incontestable progrès des relations internationales, et ils se justifiaient péniblement de l'insuffisance de ce progrès. Au lieu de dire : « En quatre années nous avons obtenu tel et tel résultat ; il reste encore beaucoup à faire, mais nous avons bien commencé », ils se taisaient, et ils ne pensaient qu'à se disculper, quand on les prenait à partie, des reproches ridicules que leur prodiguait le nationalisme ; ils s'escrimaient à déclarer qu'ils étaient, malgré tout, de bons patriotes, au lieu de rappeler qu'ils avaient servi la patrie plus courageusement et plus efficacement que ceux qui ne cessent de la compromettre par leurs rodomontades.

Heureusement, l'opinion fut éclairée par l'excès même des calomnies prodiguées aux partisans d'une politique laborieuse et pacifique et, si nous regrettons que l'esprit de parti ait pu porter la lutte sur le terrain du patriotisme qui devrait rester à l'abri de nos querelles intestines, tout au moins avons-nous eu la grande satisfaction de constater que le pays, librement consulté, nous a donné hautement raison.

Voici le texte de l'appel que nous avons adressé, avant la campagne électorale, à chacun des membres du Groupe de l'Arbitrage, pour être reproduit et développé ensuite devant le pays.

LA POLITIQUE DE LA PAIX

devant le Suffrage Universel

AUX MEMBRES DU GROUPE PARLEMENTAIRE DE L'ARBITRAGE INTERNATIONAL

Paris, 7 Avril 1906.

Les adversaires du progrès sont les adversaires naturels de la paix ; ils ne veulent pas qu'elle s'organise parce que cette organisation serait dans tous les pays le signal de trop de réformes. Une fois d'accord pour ne plus se battre, les Gouvernements resteraient d'accord pour s'améliorer, chacun profitant des progrès des autres ; le monde deviendrait inhabitable pour la routine et pour les abus. Voilà pourquoi nos modestes efforts en vue de rapprocher honorablement les peuples, diminuer nos risques de conflits et nos charges improductives, substituer peu à peu la justice à la violence sont traités de rêves coupables et dangereux pour la patrie.

Ces accusations vont pleuvoir, pendant la campagne électorale, sur ceux de nos amis qui sont candidats. On affectera de confondre leurs sages doctrines avec les attaques contre l'armée, contre le drapeau national, avec tous les excès, en un mot, que nous sommes les premiers à réprouver ; mais le suffrage universel ne se laissera pas égarer, à la condition que chacun de nous revendique hautement sa part dans l'évolution patriotique autant que pacifique dont l'esprit de parti veut nous faire un crime, alors qu'elle répond aux lois de la science, aux aspirations profondes et à l'intérêt du pays.

Le pays s'instruit tous les jours ; il comprend le danger des aventures césariennes qui lui ont déjà coûté tant de sacrifices ; il sait que la population française, à la différence de celle de nos voisins, est stationnaire et que, par suite, nos charges ne peuvent indéfiniment s'accroître sans tarir la source de notre activité nationale. Il comprend que la France tiendra son rang par son travail, par la mise en valeur de ses ressources naturelles, plus sûrement que par les conquêtes ; il voit ses amitiés et sa clientèle se développer à mesure que sa politique devient plus résolument pacifique. C'est un fait qui défie toutes les calomnies. Il y a trente-cinq ans, la France impériale ne trouvait pas un seul ami pour la secourir ; aujourd'hui, la France républicaine est soutenue par les gouvernements mêmes monarchiques et par les peuples, comme une garantie de l'ordre universel. Le nombre de ses adversaires a diminué, le nombre de ses amis augmente : l'amitié était l'exception, elle est maintenant la règle. Où en serions-nous si nous avions écouté le beau cri de guerre des nationalistes : « A bas les étrangers ! » « A bas les Anglais ! » Et si leurs détestables excitations nous avaient laissés l'an dernier isolés, après les défaites de la Russie, entre l'Allemagne, l'Angleterre, l'Italie, sans compter le reste ?

Cette sécurité qui nous a permis de réduire sans péril, en pleine affaire du Maroc, le service militaire à deux ans, nous a-t-elle affaiblis, démoralisés, comme le prétendent nos chauvins ? C'est tout le contraire. Jamais la France ne s'est montrée plus calme que pendant cette crise, et plus virile ; elle ne s'est pas vantée, comme en 1870, elle s'est préparée, et tout le monde s'est rendu compte que, si elle n'attaquait personne, elle était prête à se lever dans un imposant élan d'unanimité nationale, pour défendre, non plus une dynastie ni même son territoire seulement, mais sa liberté, la liberté.

Comme il rendra justice à notre patriotisme, le pays appréciera les avantages matériels de la politique de la paix. Le nationalisme faisait le vide autour de nous. Aujourd'hui, c'est par centaines de millions que se chiffrent les profits de notre commerce, de notre agriculture et de notre industrie. Les mécontents s'étendront longuement sur ce qui nous manque, mais ils ne diront rien de la France enrichie par l'afflux d'une clientèle accourue de toutes les parties du monde.

Il a suffi, pour réaliser un tel changement, que la République imposât silence aux agitateurs qui voulaient faire d'elle un épouvantail.

Le Groupe de l'Arbitrage s'est constitué au début de la législature qui s'achève. Depuis quatre ans, il a opposé sa propagande de conciliation aux excitations malfaisantes ; il a réuni en faisceau des forces jusqu'alors négligées et même inconscientes, ignorées parce qu'elles étaient éparses. Il a inauguré les relations, les visites de Parlement à Parlement, de peuple à peuple ; il a fourni aux Gouvernements ce qui leur avait manqué jusqu'alors, une atmosphère favorable aux rapprochements internationaux et des indications, des facilités précieuses.

Avant la formation du Groupe, aucun traité d'arbitrage n'existait ; la Convention de La Haye était considérée comme une œuvre mort-née que l'on n'essayait même pas de faire vivre. Aujourd'hui les invitations sont faites pour une seconde conférence de la paix ; les traités d'arbitrage sont légion ; ils n'ont pas empêché, sans doute, la guerre russo-japonaise et n'empêcheront pas toutes les guerres, mais ils les rendront plus rares, plus impopulaires. C'est grâce à l'application de la Convention de La Haye que la guerre entre la Russie et l'Angleterre a pu être évitée, au lendemain du redoutable incident des pêcheurs de Hull. Et cette conférence d'Algésiras elle-même, n'a-t-elle pas été une sorte de recours à l'arbitrage international dans le plus grave de tous les conflits ? Et la France n'a-t-elle pas constaté jusqu'à l'évidence, dans cette dernière complication, l'immense avantage qu'elle trouve à se placer sur le terrain de la justice et à favoriser la substitution, dans les mœurs internationales, des moyens de conciliation aux traditions barbares de la guerre ?

Le Président et les membres soussignés du Groupe de l'Arbitrage remercient leurs collègues de la part qu'ils ont prise au progrès pacifique dont la France profite en même temps que la civilisaton.

Le Président d'Honneur,

M. BERTHELOT, de l'Académie Française,

Sénateur.

Le Président,

D'ESTOURNELLES DE CONSTANT,

Sénateur.

Les Vice-Présidents et les Membres du Comité

BOUDENOOT, BIDAULT,

Sénateurs.

Ch. BEAUQUIER, CODET, CORDEROY, Gaston MÉNIER,

Députés.

*
* *

Cet appel, répandu dans toutes les circonscriptions électorales et succédant à beaucoup d'autres manifestations précédentes, a reçu un excellent accueil.

On connaît le résultat des élections, la victoire éclatante de nos idées devant le pays, mais il n'est pas inutile de mesurer ce résultat par des chiffres précis.

Avant l'élection, il faut le dire, le Groupe de l'Arbitrage ne s'était pas laissé entamer numériquement par la calomnie et par les railleries ; au contraire, loin de diminuer, le nombre de ses membres n'a jamais cessé d'augmenter. A nos débuts, nous étions très fiers d'être une centaine, — soit un dixième de la Chambre — puis deux cents, deux cent cinquante, et finalement plus de trois cents, exactement trois cent quinze, sénateurs et députés réunis ; plus d'un tiers du Parlement.

La bataille électorale nous a coûté, y compris les décès, quarante pertes, ce qui abaissait à deux cent soixante-quinze le chiffre des membres restant élus.

Or, depuis l'élection, nous avons reçu, avant le 15 juin, cent vingt huit adhésions nouvelles, ce qui porte notre total à quatre cent trois, c'est-à dire presque la moitié du Parlement français, et ce total est déjà dépassé pendant que notre bulletin est sous presse : il s'élève à 420 membres.

Ces chiffres se passent de commentaires.

Ajoutons que, parmi nos recrues nouvelles, nous nous honorons de compter des hommes de haute valeur et d'incontestable autorité, dont l'adhésion constitue en même temps une protestation implicite contre l'injustice des attaques de nos adversaires.

Au premier rang de ces adhésions nouvelles, signalons celle de l'honorable M. de Freycinet, ancien ministre des Affaires étrangères et ministre de la Guerre. M. de Freycinet a attaché son nom à l'œuvre de la défense et de la réorganisation nationales ; il n'a pas voulu se désintéresser de nos efforts et il en augmente la portée en ajoutant son nom à ceux des républicains éminents que nous comptons dans nos rangs. C'est ce que le Groupe de l'Arbitrage a bien compris en décidant, à l'unanimité, de nommer M. de Freycinet président d'honneur, en remplacement du regretté Waldeck-Rousseau, décédé.

***

Voici le résumé de l'action du Groupe de l'Arbitrage depuis la fin de Mai jusqu'au 15 Octobre 1906 :

1° Reconstitution du Bureau

Présidents d'Honneur :

MM. Berthelot, de Courcel et E. Labiche, M. de Freycinet, sénateurs. (M. de Freycinet remplaçant M. Waldeck-Rousseau, décédé).

Texte de la motion relative à M. de FREYCINET

Le Groupe Parlementaire Français de l'Arbitrage International remercie l'honorable M. de Freycinet de son adhésion à son programme et décide à l'unanimité d'appeler l'ancien Ministre des Affaires Etrangères et de la Guerre, l'un des organisateurs de la Défense Nationale, à sa Présidence d'Honneur, en remplacement du regretté Waldeck-Rousseau, décédé.

Président :

M. d'Estournelles de Constant, sénateur.

Vice-Présidents :

MM. Boudenoot, Poirier, sénateurs ; MM. de La Batut, Baudin, Beauquier, Berteaux, Dubief, Flandin, Jaurès, G. Menier, députés.

Secrétaires et Membres du Comité d'Action :

MM. Bidault, Demarçay, sénateurs ; MM. Ajam, Chéron, Codet, Corderoy, Cornet, Couyba, Gérald, Godard, Grillon, Janet, Larquier, Messimy, Vigouroux, députés.

Questeurs :

M. Pedebidou, sénateur ; M. Pajot, député.

Secrétariat et Caisse du Groupe

Secrétaire Général :

M. Jules Rais, Docteur en Droit, attaché à la bibliothèque de la Chambre.

Secrétaire-Adjoint :

M. Piogey, attaché à la bibliothèque du Sénat.

Trésorier :

M. Désiry, attaché à la questure de la Chambre des Députés.

2° Adresse à M. Léon BOURGEOIS

Ministre des Affaires Etrangères

Le Groupe Parlementaire Français de l'Arbitrage International adresse à M. Léon Bourgeois, l'un de ses amis de la première heure, aujourd'hui Ministre des Affaires Etrangères, l'expression de ses félicitations et de ses vœux pour le succès de la politique de solidarité et de justice Internationale dont il est le partisan fidèle et dévoué et qu'il a représentée si dignement à la Conférence de la Haye.

3° BILAN de l'Action du Groupe depuis sa constitution jusqu'au 15 Octobre 1906

Sur la proposition de M. L. Cornet, député de l'Yonne, il a été décidé qu'un bilan général de l'action du Groupe, depuis sa constitution, serait dressé, imprimé et communiqué à chacun des membres pour être distribué à la presse locale de chaque Département. Voici ce rapide exposé ; en en trouvera le développement dans les précédentes publications du Groupe et ses procès-verbaux ; on constatera que le nombre des membres du Groupe n'a si rapidement augmenté qu'en raison même de son action. Nos adversaires, bien entendu, et les sceptiques objecteront que cette action n'est pourtant pas le point de départ de l'évolution pacifique que bien d'autres avaient préparée avant nous et poursuivent de leur côté, chacun par ses moyens, à côté de nous ; — nous ne nous faisons pas d'illusions ; nous ne cherchons pas à revendiquer dans les progrès réalisés, une part excessive, mais nous tenons à établir que nous les avons nettement et obstinément réclamés et, dans la mesure de nos forces, préparés ou facilités. Ce bilan est indispensable pour assurer d'après l'expérience passée notre marche vers l'avenir.

*
* *

LÉGISLATURE 1902-1906

1° Traités d'Arbitrage

Pas un seul traité d'arbitrage n'existait ou n'était même en perspective avant la formation du Groupe. Aujourd'hui tout un réseau s'est formé et il n'y pour ainsi dire plus un Gouvernement qui ne tienne à signer ces conventions dont on se moquait il y a quatre ans.

2° Amélioration des relations Internationales

Les relations de la France avec les autres pays parlementaires s'organisent de telle sorte que les divers Gouvernements sont amenés à suivre, sinon tous une même politique, du moins chacun une politique pouvant se concilier avec celle des autres et inspirée d'un même esprit pacifique. Un nivellement se produit ainsi peu à peu dans la direction des affaires générales ; l'accord devient la règle, l'antagonisme l'exception.

Une évolution d'une telle importance se produit nécessairement avec lenteur et rencontre beaucoup d'obstacles ; ceux-là même qui en profitent le plus sont parfois les derniers à la comprendre, les premiers à la contrarier, à la considérer comme un danger ou comme un rêve.

Il est facile pourtant de constater que depuis ces dernières années, — les premières où nous avons vu surgir une ébauche d'organisation pacifique, — la situation économique des Etats favorables à cette organisation s'est améliorée. Sans doute de folles surenchères de dépenses navales existent encore et plus que jamais, — mais les Etats qui devraient être ruinés par ces dépenses les supportent grâce à la paix, grâce à la confiance du lendemain qui devient, malgré tout, mieux assurée. Les recettes de la France augmentent en dépit des pronostics les plus pessimistes et de charges vraiment écrasantes ; de même pour l'Angleterre, pour l'Allemagne, pour l'Italie. Et nous ne parlons pas des Etats-Unis ! ! Que serait-ce si chacun de ces Etats pouvait consacrer à des dépenses productives une partie des milliards que tous ensevelissent dans le gouffre des budgets militaires ?

En revanche la Russie et le Japon peuvent mesurer ce que coûte la guerre. Le Japon victorieux et si économe inaugure les difficultés financières ; la Russie aggrave ses désastres par la Révolution.

Qui donc, ne comparera pas, de lui-même,

en dépit des chauvins et des sophistes de tous les pays, ces résultats si différents ?

Quel spectacle offre particulièrement la France récompensée, payée, pour ainsi dire, de ses efforts en vue d'une amélioration générale, profitable à tous ! Les visiteurs, les pélerins y affluent ; non seulement Paris devient trop petit pour la multitude des étrangers qui viennent y passer leurs vacances et dépenser leurs économies, mais la France entière se régénère : ses routes, ses auberges, ses provinces les plus déshéritées auparavant profitent de la popularité de nos idées et de la détente qu'elles produisent.

La France actuelle souriante et pacifique attire à elle les sympathies du monde entier ; quelle différence avec cette France que le nationalisme jaloux, agresseur et craintif rêvait de fermer aux étrangers et de laisser végéter dans l'isolement !

Par combien de millions, de centaines de millions se chiffre chaque année cette différence entre deux politiques, — une politique de vie et de force, — une politique de mort !

3° Rapprochement Franco-Anglais

Ce sont des résultats pratiques, tangibles, moraux et matériels que nous visons. Ce sont des résultats pratiques que nous avons obtenus. Ces résultats nous les avons précisés, limités par avance, sériés.

Par exemple les visites échangées en 1903 entre les Parlementaires Français et Anglais comportaient trois résultats que nous avons réclamés expressément et dont deux sont acquis, le troisième en bonne voie.

Dans notre lettre publique du 3 Août 1903 au Ministre des Affaires Etrangéres nous avons réclamé :

1° Un traité d'arbitrage Franco-Anglais reconnaissant l'existence de cette Cour de la Haye considérée jusqu'alors comme mort-née. Ce traité a été signé le 14 Octobre suivant.

2° Un règlement général de toutes les difficultés Franco-Anglaises. Ce règlement a été signé le 8 Avril 1904 ; il fait le plus grand honneur à notre diplomatie qui en a compris l'intérêt et qui a saisi l'occasion de le conclure, mais on nous permettra peut-être de rappeler que nous l'avons facilité en le réclamant hautement au nom de l'opinion et de la majorité des Parlements des deux pays.

3° La limitation des armements. Là nous avons rencontré plus de résistance. Nous n'avons pas été compris ; nous avons été combattus, notre programme a été dénaturé à la fois par des patriotes sincères mais trompés et par des ignorants, ou par des adversaires intéressés à multiplier les commandes de cuirassés-monstres, de tourelles blindées, etc. N'insistons pas ; ces résistances, ces attaques étaient inévitables ; quelques intérêts particuliers inquiétés font plus de bruit que la masse de l'intérêt général inorganisé. Cette question de la limitation des armements est complexe ; il est naturel que les Gouvernements soient embarrassés pour la résoudre ; mais ce n'est qu'une question de temps et d'éducation de l'opinion ; plus on nous résiste sans motifs plus elle s'instruit.

Déjà l'opinion se rend compte que nous ne demandons rien d'excessif ni d'imprudent mais que, au contraire, nous voulons fortifier la patrie, servir l'activité, la défense nationale en faisant cesser un gaspillage qui aflaiblit et ruine tous les gouvernements. En réalité notre propagande pour la limitation des armements n'est autre chose qu'une campagne pour une meilleure organisation de la défense nationale dans tous les pays.

C'est bien ce que peu à peu la plupart des Gouvernements commencent à comprendre : ils s'aperçoivent qu'une fois de plus notre action, dont la nouveauté les effrayait, leur vient en aide au lieu de leur nuire ; et sur ce point comme sur les autres ils nous rendent une tardive justice ; ils nous écoutent, ils vont nous donner satisfaction. Les adhésions des Gouvernements Américain, Anglais, Italien, ont déterminé de la part du Gouvernement Français une attitude plus favorable. La question que l'on refusait d'aborder il y a deux ans est maintenant à l'étude, ou tout au moins elle fait l'objet de pourparlers entre les divers Gouvernements. C'est tout ce que nous demandons. Nous ne voulons pas de solution hâtive, improvisée, nous voulons des solutions étudiées, durables. Nous acceptons que la question mûrisse lentement, pourvu qu'elle mûrisse. Et elle mûrit tous les jours. A la suite des discours prononcés par le Président du Groupe au Sénat en 1905 et 1906, discours distribués à tous les membres des Parlements de Londres, de Berlin, de Washington, de Vienne, de Rome, etc., elle a été mise à l'ordre du jour de la conférence interparlementaire de Londres, du mois de juillet de cette année ; M. d'Estournelles de Constant a été chargé de soumettre a la conférence le rapport qui figure dans notre bulletin et dont les conclusions ont été approuvées à l'unanimité, après une discussion à laquelle prirent part pour la France, M. Messimy, pour l'Angleterre, M. M. Robertson, Lord Avebury, Lord Weardale (sans parler du premier Ministre lui-même, Sir Henry Campbell-Bannermann) pour l'Allemagne le Docteur Eickoff, pour la Belgique, M. Beernaert, pour l'Italie, le Marquis Marius Compans, etc.

En résumé nous pouvons dire que la limitation des armements est aujourd'hui à l'ordre du jour, grâce aux efforts méthodiques et persévérants du Groupe parlementaire français de l'arbitrage, et que le troisième des desiderata exprimés par nous en 1903 est en voie de s'accomplir.

*
* *

Nous pourrions arrêter là notre bilan, mais nous ne devons pas omettre de constater que le rapprochement franco-anglais et les progrès généraux de notre propagande ont eu d'autres conséquences encore : la guerre russo-Japonaise, que nous avons vainement essayé d'empêcher par nos démarches collectives de Décembre 1903, a été limitée aux deux belligérants engagés ; résultat qui eût été impossible trois ans plus tôt, quand la France et l'Angleterre étaient sur le pied d'une sourde hostilité, après les affaires du Siam, de Fachoda ; les Gouvernements russe et anglais ont pu utiliser en 1904 la Convention de la Haye enfin réhabilitée dans l'opinion ; ils ont trouvé dans cette Convention le moyen de régler pacifiquement, à la conférence de Paris, le redoutable conflit des pêcheurs de Hull.

Le commerce général s'est développé comme il a été rappelé plus haut.

4° La visite des Délégués des trois Parlements Scandinaves à Paris et dans une partie de la France.

Cette visite a eu lieu en novembre et décembre 1904; ellle a contribué à propager les principes de l'arbitrage et de la conciliation internationale par l'échange de sympathies qui se cherchaient, mais n'avaient pas trouvé auparavant l'occasion de se rencontrer et de s'exprimer. (Voir le volume publié par le Groupe en 1905).

5° Les Conseils Généraux et les Chambres de Commerce. — Les élections législatives.

Ces résultats si évidents, si avantageux, ont déterminé l'adhésion formelle de presque tous les conseils généraux de France au programme du Groupe de l'Arbitrage ainsi que de la plupart des Chambres de Commerce. Pense-t-on qu'ils n'ont été pour rien dans les élections de 1906?

6° La Conciliation Internationale.

Un grand nombre de personnalités n'appartenant pas au Parlement, désirant seconder l'action du Groupe, sans pouvoir cependant en faire partie puisqu'il est exclusivement parlementaire, une société nouvelle fut constituée sur les mêmes principes, mais extérieurement au Parlement, sous le nom de *Conciliation Internationale*. Cette société constitue le trait d'union entre les divers groupes parlementaires et l'opinion.

Son organisation, son programme et ses statuts sont publiés dans un bulletin spécial, distinct, jusqu'à présent, des publications du Groupe de l'Arbitrage. (Voir le bulletin d'Avril publié chez Delagrave).

7° Les publications du Groupe.

Les publications du Groupe de l'Arbitrage, circulaires, articles, discours, conférences, etc., ont été très nombreuses. On en trouve la liste dans les procès-verbaux du Groupe. En outre, le Groupe a publié, en 1904 et en 1905, deux volumes, l'un rendant compte des visites franco-anglaises, l'autre de la visite des scandinaves.

*
* *

LÉGISLATURE 1906-1910

Les premières séances de la nouvelle législature.

Voici maintenant le résumé sommaire des communications faites au Groupe ou des décisions prises dans nos premières séances de la législature 1906-1910 :

1° Conférences du Groupe

Le Groupe organisera des conférences dans toute la France ; il dresse une liste de conférenciers réunis en sous-comité et charge M. Chéron, député du Calvados, de cette organisation.

2° La Paix par le Droit

La revue mensuelle *La Paix par le Droit* est choisie comme organe du Groupe ; chaque membre recevra un abonnement sans augmentation de cotisation.

3° Situation Financière

La situation financière du Groupe présente un excédent de recettes de 140 fr. 60 à la fin de la législature 1902-1906.

4° Confirmation du programme du Groupe ; la limitation des Armements

Le Groupe confirme son programme de fondation, notamment en ce qui concerne la question de la réduction des dépenses navales et militaires qu'il écarte, à l'heure actuelle, de ses délibérations. La question seule de la limitation des armements reste mise à l'étude, selon une proposition développée par M. Messimy, député de Paris, proposition qu'il a reçu mission de soutenir à la Conférence de Londres, d'accord avec le Président du Groupe.

5° Adresse au Président Roosevelt

Le Bureau enverra à chacun des membres du Groupe, avec une notice imprimée, le fac-simile du parchemin adressé au président Roosevelt.

6° Médaille de Courrières

Le Bureau enverra également à chaque membre le fac-simile de la médaille remise aux sauveteurs allemands de Courrières.

Cette médaille deviendra, plus tard, l'inscription une fois modifiée, l'emblême du Groupe de l'Arbitrage comme de la Société de Conciliation, mais avec des inscriptions spéciales.

7° Ordre du Jour du Groupe

Le Groupe inscrit en tête de son ordre du jour pendant la législature 1906-1910 :

a). La limitation des dépenses navales et militaires.

b). La discussion des questions relatives à la Commission arbitrale du règlement des contestations douanières et aux conférences consulaires.

8° Invitation aux Parlements d'Amérique

Le Groupe charge son bureau d'étudier le projet d'invitation aux Parlements des divers États d'Amérique.

9° Adresse à la Conférence de Rio-Janeiro

Le Groupe adresse, à cette occasion, une motion spéciale au Ministre du Brésil, à Paris, motion que le Président accompagne d'une lettre publiée plus loin.

10° Correspondance avec la Douma et préparation de la Conférence de Londres

Le Groupe approuve à l'unanimité la correspondance avec la Douma et les dispositions qui lui sont soumises par son bureau en vue de répondre à l'invitation d'assister à la conférence interparlementaire de Londres du 22 au 26 juillet.

La correspondance relative à la Douma est publiée plus loin dans ce bulletin.

Il en est de même des discours de MM. Messimy et de Pressensé, sur la limitation des armements, discours à la suite desquels le Groupe a voté le principe d'une étude nationale et internationale de la question.

Il est entendu que ce vote devra déterminer l'attitude des membres du Groupe à la conférence interparlementaire de Londres. (Voir le chapitre spécial de la limitation des armements), et il est également décidé que le plus grand nombre possible des membres du Groupe prendront part à la conférence de Londres.

11° Conférence de Londres

Limitation des Armements; Budget de la paix.

La participation des membres du Groupe de l'arbitrage à la conférence de Londres a été très active. C'est sur leur initiative qu'ont été votées notamment :

1° La motion en faveur de la limitation des armements, motion qui a été appuyée expressément par les représentants de tous les Parlements sans une seule exception.

2° La motion en faveur d'un budget de la paix, d'accord avec la délégation américaine et avec l'appui également de toutes les autres délégations. (Voir le résumé de la conférence).

Le Congrès Panaméricain

Le Groupe de l'Arbitrage a adressé, par l'intermédiaire du ministre du Brésil à Paris, les communications suivantes au Congrès Panaméricain qui s'est réuni à Rio de Janeiro, le 21 juillet 1906 :

Le Président du Groupe Parlementaire Français de l'Arbitrage International à M. le Ministre du Brésil, à Paris.

Paris, 22 Juin 1906.

Monsieur le Ministre,

Le Groupe Parlementaire Français de l'Arbitrage International s'est reconstitué hier.

A la fin de la dernière législature il comptait 315 membres, (Sénateurs et Députés), dont vous trouverez ci-joint la liste.

Aujourd'hui ce chiffre s'élève à 403 et j'ai lieu de penser qu'il ne s'arrêtera pas là. Nous représentons donc près de la moitié du Parlement Français.

Nous n'avons pas manqué dans cette première séance de nous préoccuper de la manifestation si importante qui se prépare à Rio de Janeiro pour le 21 Juillet prochain. Tous les Etats de l'Amérique représentés à cette conférence contribueront de l'autre côté de l'Océan, au grand effort d'organisation Internationale que nous poursuivons pour notre part en Europe avec tant de difficultés.

La manifestation de Rio, suivant celles des années précédentes, constituera pour nous un nouvel exemple et un puissant encouragement. Chacun des Etats Américains a compris que ses progrès nationaux, son indépendance et sa sécurité nationales ne peuvent que gagner à une bonne organisation de ses relations internationales.

Puisse l'organisation Européenne être bientôt assez avancée pour compléter l'organisation Américaine et assurer ainsi l'équilibre et l'harmonie dont dépendra la paix du Monde.

C'est dans ces sentiments que le Groupe Parlementaire Français de l'Arbitrage Internationale a voté à l'unanimité, sur ma proposition, la motion suivante que je vous serai reconnaissant de bien vouloir faire tenir à M. le Président de la Conférence de Rio avec une copie de la présente lettre.

Veuillez agréer, Monsieur le Ministre, l'assurance de ma haute considération.

d'ESTOURNELLES de CONSTANT.

Motion votée par le Groupe de l'Arbitrage dans sa séance du 21 Juin 1906.

Paris, 21 Juin 1906.

Le Groupe Parlementaire Français de l'Arbitrage International adresse au Congrès Panaméricain de Rio de Janeiro son salut cordial et l'assurance de sa profonde sympathie pour le succès de son œuvre généreuse et féconde d'organisation pacifique des relations internationales.

*
* *

A Monsieur le Président du Congrès Panaméricain de Rio de Janeiro :

Monsieur le Président,

Le Groupe Parlementaire Français de l'Arbitrage International ne veut pas se borner à envoyer au Congrès Panaméricain le salut fraternel que j'ai prié M. le Ministre du Brésil à Paris de vous transmettre. Mes Collègues ont le vif désir de recevoir à Paris les Membres des Parlements des divers Etats d'Amérique, comme nous avons reçu en 1903 les Membres du Parlement Britannique et l'année suivante les membres des Parlements Danois, Norvégien et Suédois.

Ces visites contribuent puissamment à nous éclairer les uns et les autres sur les progrès accomplis et à accomplir ; elles préparent un nivellement général du progrès ou, tout au moins, elles atténuent les inégalités trop grandes. Notre intérêt à tous est donc de les faire entrer, comme une manifestation régulière et normale, dans l'organisation des relations internationales.

Toutefois la distance, la différence des mœurs et des langues, ne sont pas les seuls obstacles qui rendent ces réunions difficiles ; il faut compter aussi et surtout avec l'impossibilité matérielle d'établir un accord entre les divers Parlements que nous désirons inviter, quant aux conditions du voyage et notamment quant à la date.

La Conférence Panaméricaine de Rio de Janeiro présente avec tant d'autres avantages celui de nous fournir une incomparable occasion d'exposer simultanément notre intention aux représentants réunis de tous les Etats des trois Amériques, du Nord, du Centre et du Sud.

J'ai l'honneur de vous prier en conséquence, Monsieur le Président, de faire part de cette intention à vos honorables collègues.

Nous désirons recevoir et fêter au printemps de 1907 une délégation de chacun des Parlements américains à Paris et dans les principales villes de France : à Bordeaux, à Toulouse, à Marseille, à Nice et à Lyon.

Nous mettrons à la disposition de nos collègues Américains un train spécial qui les amènera du littoral à Paris d'abord, où nous leur préparerons des fêtes dignes de la circonstance, — véritables fêtes du Progrès et de la Liberté triomphante dans la Paix, — puis les conduira de Paris dans nos provinces.

Je puis vous assurer à l'avance, Monsieur le Président, que nos collègues Américains seront l'objet de la part, non seulement du Parlement mais de la France entière, d'un accueil enthousiaste.

Chaque Parlement désignerait, comme l'ont fait en 1904 les trois Parlements Scandinaves, un certain nombre de délégués, de façon que le nombre total des délégués atteigne au minimum le chiffre de cent ; — non comprises les dames qui voudront sans doute être du voyage et que nous invitons spécialement.

La date qui conviendrait le mieux serait entre le 15 avril et le 15 juin : le séjour en France durerait au minimum dix jours. Toutes les mesures seraient prises pour assurer dans les conditions les plus convenables le passage de nos collègues à l'hôtel, leur réception dans des maisons françaises amies, etc., etc.

Je vous serais reconnaissant de bien vouloir saisir la Conférence de ce projet en lui demandant si elle veut bien se charger (quoiqu'elle ne soit pas exactement Parlementaire, mais parce qu'elle est Panaméricaine), d'assurer le succès de notre invitation.

Le pélerinage de la jeune Amérique en Europe constituerait un événement considérable dans l'histoire du Nouveau Monde et de l'Ancien.

Veuillez agréer, Monsieur le Président, les assurances de ma très haute considération.

Le Président du Groupe,

D'ESTOURNELLES DE CONSTANT.

Réponse du Président

Par suite du désordre ou de l'inexactitude de quelque commis, toutes ces correspondances confiées, avant le départ du courrier, à M. le Ministre du Brésil à Paris pour être transmises à leur destination restèrent dans quelque bureau de Rio ; tous les soins pris de longue date pour établir un lien entre l'organisation panaméricaine vivante et l'embryon d'une organisation européenne furent en pure perte. — Il en est ainsi de bien des essais ; les uns après les autres ils échouent mais tout à coup un dernier réussit ; — le nôtre hélas est à recommencer. Voici le cablogramme du Président du Congrès de Rio Janeiro :

M. Jacquin NABUGO, Président de la troisième Conférence Internationale Américaine,

à M. le Président du Groupe Parlementaire français de l'Arbitrage :

Rio de Janeiro, 4 Septembre 1906.

La Conférence était close quand votre communication me fut remise. Je vais en envoyer copie à toutes les délégations pour qu'elles en saisissent les Parlements de leurs pays et j'interprête la sympathie de tous les délégués pour la grande nation française et pour la cause que vous représentez en vous assurant qu'ils s'efforceront tous pour la réussite de votre admirable idée.

Joaquin NABUCO.

LES

Conférences Consulaires

Lettre adressée par le Président aux Membres du Groupe Parlementaire de l'Arbitrage International pour leur faire part d'une démarche faite auprès du Ministre des Affaires Etrangères en vue d'organiser dans tous les départements de France des conférences pour les agriculteurs d'abord, puis pour les représentants de toutes nos industries, depuis l'industrie agricole jusqu'à celle du tourisme.

Paris, 16 Juin 1906.

Mes Chers Collègues,

Les grands moyens ne suffisent pas ; les petits moyens sont très efficaces pour faire pénétrer nos idées dans l'opinion et pour bien établir la corrélation évidente qui existe entre ces idées soi-disant chimériques et l'intérêt moral et matériel de chacun.

Depuis plus de dix ans un certain nombre de mes collaborateurs et moi nous avons organisé un réseau méthodique de Conférences dans les principales régions de la France pour éveiller simultanément, sur toute la surface du territoire, l'ambition d'un développement économique qui constituera pour notre pays une source de forces nouvelles autant que de bien-être et de progrès.

Ces conférences ont été si bien accueillies qu'elles sont aujourd'hui dépassées par la rapidité des résultats acquis. Il faut donc trouver autre chose, et dans cette voie, malgré l'extrême réserve qu'il a toujours observée, notre groupe de l'arbitrage peut demander au Gouvernement de seconder les initiatives individuelles.

Déjà, par la force des choses et spontanément, un irrésistible mouvement général se produit, non seulement en France, mais à l'étranger notamment en Angleterre, aux Etats-Unis, en Italie, en faveur d'une limitation des charges improductives qui écrasent le travail dans tous les pays, et en faveur d'une organisation de la justice internationale.

Ce mouvement naturel ne peut pas manquer d'aboutir avec le temps, mais il peut être ralenti, contrarié par l'ignorance ou par l'erreur de l'opinion trompée par des manœuvres intéressées.

Il faut donc ne rien négliger pour instruire cette opinion, pour lui prodiguer les lecons de choses ; il faut, avant tout, établir un contact de plus en plus fréquent, de plus en plus direct, entre les populations de tous les pays.

Celles-ci, une fois reliées entre elles par des communications, des échanges de toutes sortes, s'apercevront qu'elles ont grand intérêt à s'entendre ; elles fermeront l'oreille aux excitations de la haine pour écouter la voix de l'expérience et de la raison.

C'est toute une éducation déjà entreprise, en bonne voie, mais toujours à perfectionner. Dans cette conviction bien ancienne et maintes fois éprouvée, je viens d'adresser à notre excellent Ministre des Affaires Etrangères la lettre ci-jointe qui, en apparence, ne concerne qu'un simple Comice Agricole de la Sarthe mais qui, en réalité, peut intéresser toute notre production nationale.

Il m'a semblé que chacun de nous peut écrire dans le même sens et faire valoir les mêmes arguments en faveur de la région qu'il représente au Parlement : car nos spécialités agricoles, industrielles, artistiques, constituent des centres de production ou d'attraction incomparables.

Grâce au progrès des communications, des moyens de transport de toutes sortes et particulièrement de l'automobile, un échange continuel de produits, d'idées et de sympathies s'organise entre la France et les autres pays ; en propageant la réputation de nos fruits, par exemple, nous propageons la réputation de notre sol, de notre climat, de notre population : nos idées, elles-mêmes, en profitent ; la France, libérée des préjugés qui l'isolaient et la retardaient, offre le spectacle d'une floraison nouvelle ; ses routes revivent, ses magasins, ses marchés, ses expositions, ses concours, ses comices, ses courses, ses restaurants et ses hôtels sont de plus en plus fréquentés ; ses écoles, ses universités, ses forêts, ses vallées, ses montagnes, ses plaines, ses musées, ses châteaux et ses cathédrales, ses plages, ses villes d'eaux, ses stations climatériques et balnéaires, ses villages mêmes, deviennent le rendez-vous de prédilection de toute une élite des deux mondes. La langue française s'en trouve chaque jour plus indispensable et plus appréciée.

Nous avons donc tous un immense intérêt, à la fois personnel, local et général, à faire en sorte que notre pays soit, de mieux en mieux, connu et par nous-mêmes et par les étrangers.

Il me semble que nous pourrions profiter des dispositions favorables de l'honorable M. Léon Bourgeois et de sa présence au Ministère des Affaires Etrangères pour obtenir de lui, d'accord avec ses collègues des autres Départements intéressés, une organisation méthodique de propagande à double effet :

1° Propagande éducatrice et stimulante de la production française en vue de son expansion à l'étranger ;

2° Propagande d'attraction de la clientèle étrangère au centre des divers foyers de production ou d'intérêt de notre pays.

Votre bien dévoué.

D'ESTOURNELLES DE CONSTANT.

Lettre à M. Léon BOURGEOIS

Ministre des Affaires Etrangères

Monsieur le ministre,

Depuis plusieurs années, une évolution très intéressante se dessine dans l'arrondissement de La Flèche et dans les arrondissements voisins, au point de vue du développement et de la vente de nos produits agricoles.

La politique pacifique que nous devons, après tant de luttes, à notre régime républicain, n'a pas amélioré seulement nos relations avec les autres Etats ; elle a, dans certains cas, doublé, triplé l'importance de notre activité commerciale. Nos bonnes relations enfin établies avec l'Angleterre, par exemple, ont déterminé un courant incontestable de nos exportations de fruits, de légumes, de volailles. Nos populations aussi instruites aujourd'hui qu'elles étaient jadis maintenues dans l'ignorance, comprennent que ces bonnes relations, indépendamment de leurs autres avantages moraux et matériels, leur permettent de vendre beaucoup plus de pommes de terre, de poires, de noix, de marrons, de poulardes, d'oies, de pommes, de vin, de cidre, etc... Pour ne parler que des pommes de terre, nous ne savions où les vendre il y a seulement cinq années ; des féculeries locales leur ouvraient tant bien que mal un modeste débouché. Aujourd'hui, malgré l'organisation bien insuffisante encore de nos transports et de nos relations commerciales à l étranger, ces pommes de terre s'expédient en caisses, comme des produits de luxe, jusque dans l'Afrique du Sud, tant leur supériorité s'affirme à l'étranger.

Il en pourrait être de même sur toute la surface de la France, de beaucoup de nos produits, agricoles et industriels.

La France pacifique est appelée à devenir le fournisseur de choix de tout l'univers ; déjà elle attire à elle un nombre de plus en plus considérable de clients de tous les rangs, depuis les chefs d'Etat jusqu'aux plus humbles citoyens, et, à leur retour dans leur pays, ces visiteurs propagent la réputation, le goût, le besoin de nos produits.

Ce mouvement, déjà servi par de remarquables rapports de plusieurs de nos consuls, notamment de MM. Périer, Lefèvre, Carteron, d'Autremont, etc., pourrait prendre une extension beaucoup plus grande. Il suffirait d'avertir nos populations, si promptes à s'orienter vers le progrès quand on le leur explique, et pour cela d'inviter nos consuls à donner des conférences dans les nombreuses régions de notre pays où une exportation spéciale peut se développer. La liste des spécialités françaises qui sont, en fait, de véritables monopoles, formerait à elle seule un long répertoire.

Nos consuls et les producteurs français ont tout à gagner à établir entre eux un contact fréquent et direct. Nos consuls ne connaissent pas assez la France ; cela est naturel ; ils apprendraient beaucoup de nos populations tout en leur ouvrant à elles-mêmes des voies nouvelles.

Je sais que, déjà, des conférences sur l'initiative

de votre Département, d'accord avec ceux de l'Agriculture, du Commerce et de l'Industrie, et certaines de nos compagnies de transports ont été faites dans plus d'une de nos grandes villes. Mais combien de régions restent encore délaissées ! Pour me limiter au département de la Sarthe, accessible pourtant entre tous aux idées de progrès pacifique, d'hospitalité et d'échange, je n'ai pas souvenir d'y avoir jamais vu un de nos consuls.

Le bureau du Comice agricole de La Flèche que j'ai l'honneur de présider, s'est préoccupé de cette question et, connaissant votre dévouement à toutes les œuvres qui peuvent servir le développement de notre richesse à l'intérieur par notre expansion à l'étranger, il m'a chargé d'être près de vous son interprète et de vous demander de bien vouloir :

1° D'une façon générale, tenir compte des desiderata que je viens de résumer brièvement en son nom, mais dont je ne manquerai pas d'entretenir de vive voix les services compétents de votre administration ainsi que ceux des ministères du Commerce et de l'Agriculture ;

2° D'une façon spéciale, envoyer à La Flèche, dans le courant de cet été, un de nos consuls ou vice-consuls, avec mission d'exposer à nos cultivateurs, en présence des instituteurs et du professeur d'agriculture, les moyens les plus pratiques de stimuler et d'organiser un courant plus abondant de nos produits vers l'Angleterre et vers les colonies anglaises du Canada, du Cap, de l'Australie, etc.

Nous aurons soin de donner à cette conférence toute la publicité locale nécessaire. Plus tard, si ce premier essai réussit, comme je n'en doute pas, nous aurons de nouveau recours à votre Administration pour vous demander l'envoi d'un de nos consuls de Belgique, de Hollande, d'Allemagne, d'Amérique, etc.

Soyez certain, Monsieur le Ministre, que nos populations agricoles sauront mesurer à sa valeur le très grand service que votre Administration leur aura rendu.

Veuillez agréer, Monsieur le Ministre, l'assurance de ma haute considération et de mon fidèle dévouement.

D'ESTOURNELLES DE CONSTANT,

Président du Comice Agricole de La Flèche.

Réponse de M. le Ministre des Affaires Etrangères

Paris, 29 juin 1906.

A Monsieur d'Estournelles de Constant,
Sénateur de la Sarthe.

Monsieur le Sénateur et cher Collègue,

Par votre lettre du 8 de ce mois, vous avez bien voulu, au nom du Bureau du Comice Agricole de La Flèche que vous présidez, signaler à mon attention l'intérêt qui s'attache à ce que nos consuls et les producteurs français entrent en contact fréquent et direct. Vous m'avez, en même temps, exprimé le désir qu'un de nos Consuls se rende dans le courant de l'été à La Flèche, pour faire connaître aux intéressés les moyens les plus pratiques d'organiser un courant plus abondant de nos exportations vers l'Angleterre et vers les colonies anglaises du Canada, du Cap, de l'Australie, etc.

J'ai apprécié toute la valeur des considérations que vous m'avez exposées à cette occasion. Comme vous, j'estime que la réalisation des vues sur lesquelles vous avez appelé mon attention, ne peut que contribuer à favoriser le développement de nos échanges avec l'étranger. Mon Département est déjà entré, comme vous le savez, dans la voie que vous voulez bien préconiser, au nom du Bureau du Comice Agricole de La Flèche. Les rapports de l'Attaché commercial auprès de l'ambassade de la République à Londres, rapports dont je vous ai donné communication, témoignent des heureux résultats qu'ont produits les tournées et conférences que cet agent a faites, dans le courant de l'année dernière, dans diverses régions de la France, en vue d'établir des relations directes entre nos producteurs et les maisons de vente d'Angleterre.

Il entre dans mes intentions de développer, autant que me le permettront les crédits accordés au budget de mon Département par les Chambres, l'action de nos consuls dans le sens que vous recommandez, notamment par la désignation d'attachés commerciaux pris parmi des membres de notre corps consulaire ; *ces agents devront visiter périodiquement les différentes régions de notre territoire ; au cours de ces tournées ils indiqueront à nos producteurs, industriels et négociants, les conditions dans lesquelles pourront être créés des débouchés nouveaux dans les pays où ces consuls résideront.*

Notre attaché commercial auprès de l'ambassade de la République à Londres doit effectuer cet été une tournée dans nos départements du Nord-Ouest, ainsi que dans les Charentes. Je l'invite, pour répondre à votre démarche, à comprendre dans ses visites le département de la Sarthe et à se mettre directement en rapport avec vous, afin de déterminer le moment qui sera le plus favorable pour les réunions que vous avez en vue.

Agréez, Monsieur le Sénateur et cher collègue, les assurances de ma haute considération.

Léon BOURGEOIS.

Comice Agricole de La Flèche

Le 26 Août, M. Jean Périer, consul de première classe, attaché commercial à l'Ambassade de France à Londres est venu faire au Comice de La Flèche la conférence annoncée par avance dans tous les journaux. Un grand nombre de représentants du Département, Sénateurs, Députés, Conseillers généraux assistaient, ainsi que les agriculteurs et les commerçants du pays, à cette conférence qui fit ensuite le thème des publications et des conversations locales. Mis en relations directes avec les intéressés M. Jean Périer reste en correspondance avec eux et les dirige de ses conseils. C'est ainsi que se régularise et devient normal un courant favorable d'échanges entre deux pays, pour leur plus grand bien à tous les deux.

Obsèques d'Eugène CARRIÈRE

Discours du Président du Groupe Parlementaire Français de l'Arbitrage International

En apportant à Eugène Carrière l'hommage respectueux des amis de la justice et de la paix internationale, et particulièrement des membres du Groupe parlementaire français de l'arbitrage international, je viens au nom de mes collègues et au mien m'acquitter d'une dette de profonde reconnaissance.

Hautement sincère et clairvoyant, Eugène Carrière ne bornait pas sa vision de la vie à l'horizon de douceur et de simplicité familiale qu'il semblait avoir exclusivement adopté. Il a peint certes avec amour sa compagne, ses enfants ; il ne s'est pas lassé de les peindre ; mais il voyait en eux et par eux le reste du monde ; sa famille était la famille, ses enfants l'enfance et sa compagne était la mère ; il imaginait, il ressentait auprès d'eux tout ce que l'humanité peut connaître de joies, de craintes et d'espérances. Cette harmonie parfaite des êtres qui l'entouraient était l'image vivante de l'harmonie générale qu'il rêvait et à laquelle il croyait avec une conviction raisonnée et inébranlable. Il n'admettait pas les soi-disant raisons d'Etat contraires à la raison et à la justice ; il n'admettait pas que des hommes fussent fatalement voués à se haïr et à se combattre sous prétexte qu'ils étaient nés à quelques kilomètres les uns des autres et que leurs devanciers avaient été poussés jadis les uns contre les autres par la faiblesse ou l'ambition des gouvernements. Son vaste et généreux esprit rapprochait les peuples dans le cercle élargi dont sa famille formait le centre et où il concevait clairement que la science dissipera peu à peu, à mesure qu'ils se connaîtront davantage, les préventions séculaires et l'ignorance qui les séparent.

Eugène Carrière ne s'est pas contenté de rêver la paix, il l'a servie. Il n'était pas homme à se dévouer à moitié. Au lendemain de la grande lutte pour la justice nationale où il marqua vaillamment sa place, il était prêt à de nouveaux combats pour la bonne cause, et il nous a suffi d'être raillés et calomniés pour avoir chez lui droit d'asile et pour être sûrs de sa sympathie. Le jour où, pour la première fois, nous fîmes le projet d'unir dans une manifestation cordiale les deux Parlements de la France et de l'Angleterre, il composa lui-même, avec son inlassable générosité, notre symbole, souvenir aujourd'hui doublement précieux, tant admiré des étrangers qui en reçurent chacun un exemplaire. Il n'écouta que son génie, et, dédaignant toutes les formules traditionnelles, il peignit deux figures, deux souffrances humaines, fraternelles, reconciliées dans un baiser. L'une de ces figures représentait sa patrie, notre patrie telle qui la concevait, telle qu'elle est, animée comme lui d'une puissance irrésistible de sympathie et d'un dévouement sans limite aux causes les plus désintéressées, la France qui réalise la parole de Michelet au XXe siècle en déclarant la paix au monde.

Adieu, cher et noble Carrière ; votre vie restera pour les êtres inconsolables qui vous pleurent le plus bel exemple de ferme courage et de foi ; votre œuvre immortelle sera pour eux le plus envié des héritages ; elle groupera autour d'eux, dans la douce atmosphère d'affection que vous avez créée et qu'elle entretiendra, vos admirateurs et vos amis.

LA

Médaille de la Conciliation

et la

Catastrophe de Courrières

Ce que la diplomatie n'ose pas tenter ni même préparer, la nature le réalise.

Au moment même où les deux Gouvernements de France et d'Allemagne étaient aux prises et n'évitaient le plus lamentable des conflits armés que par l'application des principes de la Conciliation Internationale et par l'heureuse réunion de la conférence d'Algésiras, une catastrophe sans précédent éclatait en France, dans la mine de Courrières et mettait en deuil des milliers de veuves et d'orphelins.

A la nouvelle de cette catastrophe les témoignages de sympathie affluèrent en France du monde entier.

Parmi ces témoignages, nombreux furent ceux qui nous vinrent d'Allemagne et qui s'adressèrent soit à la Société de Conciliation, soit au Groupe de l'Arbitrage, ces deux sœurs indépendantes, mais unies.

Les deux groupements ont été chargés notamment de faire parvenir aux familles des victimes :

1° La somme de 4.000 francs recueillies par M. le Dr Alexandre Dietz, président de la Société des Amis de la Paix de Francfort, sur l'initiative de M. Karl Lansberg, membre de la Commission d'Entente Franco-Allemande.

2° La somme de 3.450 francs recueillie par la Société pour la Paix de Manheim (Allemagne), sur l'initiative de M. Wilhelm Hartman, Secrétaire général de la Société pour la Paix de l'Allemagne.

3° La somme de 157 fr. 40 produit d'une quête pour les survivants des mineurs de Courrières, faite à la *Dantziger Zeitung*, à Dantzig.

A la première de ces manifestations, il a été répondu par la lettre suivante et dans un même esprit aux autres :

11 Avril 1906.

Monsieur et cher Président,

Je m'empresse de vous remercier, au nom de mes collègues du Groupe Parlementaire français de l'Arbitrage International, de la lettre par laquelle vous voulez bien m'annoncer la généreuse initiative prise par M. Karl Lansberg, membre de votre Comité et de la Commission de l'entente franco-allemande, pour venir en aide aux victimes de Courrières.

J'ai fait parvenir à M. Emile Loubet la somme de 4.000 francs qui accompagnait votre lettre.

Permettez-moi de profiter de cette occasion pour vous annoncer que, de notre côté, à la nouvelle de l'arrivée des sauveteurs Allemands accourus au secours de leurs frères de France, nous avons décidé de faire frapper une médaille commémorative spéciale que nous allons offrir individuellement à chacun des sauveteurs.

Puisse le deuil qui a frappé nos compatriotes et dont les vôtres se sont émus, éveiller de part et d'autre dans nos âmes le sentiment de nos devoirs et de nos solidarités communes ; puisse ce malheur inattendu nous ouvrir les yeux sur d'autres catastrophes qu'il dépend de nous d'éviter ! Alors les familles de nos infortunés mineurs trouveraient une consolation dans la pensée que leur mort aura du moins été féconde pour notre pays.

Votre dévoué,

D'ESTOURNELLES DE CONSTANT.

Dès le lendemain de la catastrophe, une équipe de sauveteurs allemands était arrivée des mines de Westphalie à Courrières et s'était jointe aux pompiers de Paris pour venir en aide à leurs frères de France.

Le Bureau du Groupe de l'Arbitrage se chargea d'adresser à ces vaillants serviteurs de la plus noble des causes, à ces champions de l'internationalisme du dévouement, un télégramme de félicitations et de gratitude dont voici le texte :

Le Groupe Parlementaire Français de l'Arbitrage Internationale adresse ses remerciements émus aux mineurs Allemands accourus au secours de leurs frères de France ; il les félicite d'avoir affirmé par cette impressionnante manifestation dans ces jours de deuil la croissante solidarité qui rapproche les peuples.

D'ESTOURNELLES DE CONSTANT.

Toutefois ce témoignage de reconnaissance, comme on vient de le voir plus haut, ne parut pas suffisant. Un des plus dévoués membres d'honneur de la Conciliation Internationale, M. Ansbert Labbé, insista pour qu'un souvenir fût offert aux sauveteurs allemands.

Après consultation du Bureau, il fut décidé qu'une médaille serait frappée en commémoration de l'initiative des sauveteurs allemands et qu'un exemplaire en argent de cette médaille serait remis à chacun d'eux, avec son nom gravé au revers de la médaille.

Cette décision fut approuvée par ceux des membres du Groupe de l'Arbitrage qu'il fut possible de consulter, à l'approche des élections générales, et notamment par MM. Berthelot, G. Ménier, Berteaux, etc., lesquels estimèrent que le Groupe ne pouvait pas se désintéresser de la manifestation.

La composition de la médaille était toute trouvée : elle était fournie par l'admirable tableau peint par Eugène Carrière pour le Groupe de l'Arbitrage en 1903 et représentant « *Le Baiser de la Paix* ».

Au revers, une branche d'olivier et cette mention :

AUX MINEURS ALLEMANDS

ACCOURUS AU SECOURS

DE LEURS FRÈRES

DE FRANCE

COURRIÈRES, MARS 1906.

L'exécution de la médaille fut confiée, d'accord avec la famille de notre cher et regretté Eugène Carrière, à M. Ovide Yencesse, sculpteur à la fois assez délicat et maître de son art pour respecter l'inspiration du grand peintre et pour l'interpréter.

Le succès de cette tentative, secondée par la sollicitude et les conseils de notre ami, M. Roger Marx, a dépassé toute attente.

La médaille des Sauveteurs Allemands deviendra le symbole de la Conciliation Internationale ainsi que du Groupe parlementaire de l'Arbitrage. On en trouvera dans le présent bulletin une reproduction photographique.

Elle sera adoptée par toutes les sociétés de la Paix dans le monde car nous avons soin d'en faire tirer trois éditions distinctes : l'une spéciale aux sauveteurs Allemands ; la seconde pour la Conciliation Internationale, avec la place réservée au revers pour une inscription individuelle qui remplacera l'inscription première ; la troisième enfin pour le Groupe de l'Arbitrage avec la parole de Michelet à l'avers : « *Au XXe siècle la France déclarera la Paix au Monde* », et au revers ce mot : « *Arbitrage* » remplaçant le mot : « *Conciliation* ».

L'éditeur choisi pour la mise en vente de cette médaille de propagande est M. A. Godard, 37, quai de l'Horloge, Paris.

Le prix de propagande convenu pour la médaille de bronze sera réduit à **trois francs** ; pour la médaille d'argent à **douze francs** (non compris la gravure et les frais d'envoi).

Enfin une médaille grand format sera livrée

cet automne à nos membres dans des conditions qui restent à fixer mais qui seront également exceptionnelles.

Nous prions nos membres de répandre le plus possible, à leur choix, l'une ou l'autre des trois éditions de cette belle médaille, soit dans leur famille, soit parmi leurs amis, aussi bien que dans les écoles, dans les ateliers, dans les Sociétés de toutes sortes où elle symbolisera l'esprit de notre association et l'espérance de tous les cœurs généreux.

Beaucoup de nos collègues pensent que l'édition de la Conciliation ou celle de l'Arbitrage pourrait être donnée en prix avec les noms du lauréat et du donateur gravés au revers.

Toutes les propositions dans ce sens seront étudiées de façon à répandre, au plus modeste prix possible, une médaille qui ne sera pas moins intéressante comme objet d'art que comme symbole.

***

15 Octobre. — Les médailles ont été éxécutées et remises dans les conditions prévues, non sans quelque difficulté, car nous voulions que cette remise fût faite directement, personnellement entre les mains de chaque sauveteur et non par un intermédiaire officiel ou officieux.

M. Jules Rais, Secrétaire général du Groupe de l'Arbitrage, voulut bien se concerter avec notre ami, M. A. Dietz, de Francfort, pour préparer, dans les conditions convenables, la modeste cérémonie. Tous deux, d'un commun accord, se rendirent les 25, 28 et 29 Septembre à Gelsenkirchen, à Essen et à Herne. Les ouvriers préalablement convoqués se réunirent. Chacun d'eux trouva son nom gravé au revers de la médaille et parut d'autant plus heureux de recevoir ce souvenir qu'il lui était remis sans tapage, en dehors de toute manifestation publique. Des remerciements sont dûs à MM. Jules Rais ot Alexandre Dietz pour la nouvelle preuve de dévouement donnée par eux en cette circonstance.

Pour quiconque a l'expérience de ces manifestations internationales, la difficulté est moins d'arriver au but qu'on se propose que d'empêcher les agités ou les intrigants de tout gâter. Un peu de bien pour beaucoup de risques, telle est la condition générale de notre action.

*
* *

Des exemplaires de cette médaille ont été adressés à M. le Président de la République, à l'Empereur d'Allemagne, aux Ministres des Affaires étrangères de Paris et de Berlin. La médaille destinée à l'Empereur d'Allemagne était accompagnée de la lette suivante :

Clermont-Créans, 30 Août 1906.

Sire,

Sur l'initiative de M. A. Labbé, plusieurs Membres du Groupe Parlementaire français de l'Arbitrage et de la Société de Conciliation Internationale que je préside ont décidé d'offrir une médaille, en témoignage de gratitude, aux mineurs Allemands accourus au secours de leurs frères de France ensevelis vivants à Courrières.

Cette médaille, éxécutée par Ovide Yencesse, d'après l'une des plus belles compositions d'Eugène Carrière, vient d'être frappée par la Monnaie de Paris. J'ai l'honneur d'en adresser à Votre Majesté, dans l'écrin qui accompagne cette lettre, trois exemplaires, l'un en or, l'autre en argent, le troisième en bronze.

Elle est destinée à commémorer l'acte de quelques humbles ouvriers qui a ému la France entière et à le donner aux deux pays comme un exemple.

Daignez agréer, Sire, mes très respectueux hommages.

D'ESTOURNELLES DE CONSTANT.

Voici la réponse à cette lettre :

KAISERLICH DEUTSCHE BOTSCHAFT
IN FRANKREICH

Paris, le 22 Septembre 1906.

Monsieur le Sénateur,

En votre qualité de Président de la Société de Conciliation Internationale vous avez fait frapper une médaille en l'honneur des mineurs Allemands qui ont participé aux travaux de sauvetage à Courrières. Vous avez bien voulu envoyer trois exemplaires de cette médaille au Chancelier de l'Empire, en le priant de les remettre à Sa Majesté l'Empereur. Sa Majesté a daigné accepter votre offre grâcieuse et, très sensible à votre délicate attention, me charge de me faire l'interprête auprès de vous de ses sincères remerciements.

Veuillez agréer, Monsieur le Sénateur, l'assurance de ma très haute considération.

Le Chargé d'Affaires d'Allemagne,

Signé : FLOTOW.

A titre de souvenir personnel. la médaille avait été adressée au Président Roosevelt qui a toujours suivi avec le plus fidèle intérêt toutes nos manifestations. Voici son accusé de réception :

THE WHITE HOUSE
WASHINGTON

Oyster Bay, N. Y.

26 Septembre 1906.

Mon cher Sénateur,

L'admirable médaille que vous m'avez envoyée est une preuve nouvelle de votre invariable préoccupation. Je l'apprécie, en raison même de cette préoccupation, à mon point de vue personnel ; mais je l'apprécie plus encore parce qu'elle atteste, de votre part et de la part de votre Comité, une si généreuse reconnaissance d'un acte généreux accompli par des membres d'une autre nation ! Si seulement il y avait un nombre suffisant d'hommes publics pour agir avec persévérance, dans le même esprit que vous, le risque des difficultés internationales serait véritablement diminué.

Fidèlement vôtre,

Théodore Roosevelt.

HOMMAGE FRANÇAIS

à M. le Président ROOSEVELT

La conclusion tant attendue de la paix entre la Russie et le Japon provoqua dans le monde entier, l'année dernière, des manifestations de reconnaissance envers le Président des Etats-Unis qui avait pris l'initiative des négociations de Washington et en avait puissamment favorisé le succès. Cette initiative était d'autant plus remarquable qu'elle faisait suite à d'autres interventions décisives du Président Roosevelt en faveur d'une organisation de la justice internationale.

Le Groupe Parlementaire Français de l'Arbitrage, d'accord avec la Société de Conciliation Internationale, se fit l'interprête des sentiments de notre pays ; il décida d'adresser une fois de plus au Président des félicitations et des remerciements Il éprouva toutefois un embarras, la difficulté de ne pas se répéter. Déjà des télégrammes chaleureux avaient été adressés au Président Roosevelt après qu'il eut réhabilité dans l'opinion la Cour de la Haye dont aucun Gouvernement ne voulait se servir, avant qu'il n'eût donné l'exemple. Autres félicitations, lors du conflit relatif au Vénézuela dont il refusa d'être l'arbitre, renvoyant les Puissances Européennes à la Cour qu'elles avaient elles-mêmes créée, et ainsi encore dans plusieurs autres occasions mémorables.

Cette fois, le Groupe de l'Arbitrage, sur la proposition de son Président, voulut varier la forme de ses compliments. Il n'envoya pas de télégramme, mais, sachant le prix que le Président Roosevelt attache aux traditions historiques, son goût pour les livres et pour les mémoires en particulier, sa connaissance enfin de notre histoire de France et son admiration pour l'initiative attribuée au roi Henri IV qui conçut le projet d'une organisation pacifique de tous les Etats de son temps, il acheta un exemplaire des mémoires ou des « ordonnances royales » du Duc de Sully où ce grand dessein est exposé et d'après lesquels il est devenu célèbre, particulièrement aux Etats-Unis. Des traductions anglaises de cet ouvrage y figurent en effet dans toutes les bibliothèques importantes.

L'exemplaire que le bureau du Groupe de l'Arbitrage réussit à trouver était remarquable: c'était la première édition, avec reliure du temps, in folio en très bel état.

L'acquisition faite, le livre fut envoyé le 15 Novembre, avec une lettre du Président du Groupe expliquant au Président Roosevelt pourquoi on avait tenu à lui adresser autre chose que des paroles devenues banales, un souvenir qu'il pût classer « parmi ses archives de famille ».

Le Président reçut la lettre avant le volume et exprima chaleureusement, courrier par courrier, ses remerciements pour une attention qu'il apprécia profondément ; mais au reçu du volume lui-même, quelques jours plus tard, il écrivit une nouvelle lettre, véritable explosion de surprise et de satisfaction dont il est difficile de ne pas être touché. Par cette lettre le Président admirait la pensée vraiment française qui, inspirant le choix de ce livre. avait « trouvé exactement le genre de cadeau « qu'il pouvait le plus apprécier et dont il « aimerait à se faire l'illusion de croire qu'il « était le plus approprié. »

Mais le Président ne s'en tenait pas là ; il demandait que les donateurs signassent quelques lignes exposant pourquoi le cadeau lui était envoyé. « Je voudrais, dit-il, placer ce « témoignage authentique, avec l'autographe « des donateurs, à l'intérieur du livre qui « sera, je crois, dorénavant, celui des livres « de ma bibliothèque qui aura le plus de « valeur. »

Au reçu de cette lettre, le Bureau du Groupe de l'Arbitrage s'entendit avec celui de la Conciliation Internationale pour commander un parchemin digne de l'in-folio et du destinataire. L'exécution de l'adresse manuscrite fut confiée à M. Stern lequel s'en acquitta avec un goût parfait. La photographie dont une réduction au tiers est jointe en supplément au bulletin de la Conciliation (numéro de juillet), rend faiblement l'effet de ce beau document aux couleurs sobres et à l'élégante distinction,

Voici la liste des signatures recueillies. Quelques-unes, comme celles de MM. Loubet, et Fallières, Denys Cochin, Poincaré sont celles de personnalités n'appartenant ni au Groupe de l'Arbitrage ni à la Conciliation Internationale. Leur présence n'en est que plus significative. Il est à remarquer que M. Fallières a signé comme Président du Sénat au mois de Janvier et M. Loubet comme ancien Président de la République au mois de Mars.

LISTE DES SIGNATAIRES

de l'adresse envoyée

à M. le Président Th. ROOSEVELT

par le Groupe Parlementaire Français de l'Arbitrage

et par les

Membres Français de la Société de Conciliation Internationale

(DANS L'ORDRE DES SIGNATURES)

Paris, Avril 1906.

Première page :

M. Marcelin BERTHELOT, de l'Académie Française, sénateur, Président d'Honneur du Groupe de l'Arbitrage. — M. le baron Alphonse DE COURCEL, membre de l'Institut, sénateur, ancien Ambassadeur à Londres, Président d'Honneur du Groupe de l'Arbitrage. — M. Léon BOURGEOIS, membre de la Cour de La Haye, sénateur. — M. Emile LOUBET, ancien Président de la République. — M. J. MAGNIN, ancien Vice-Président du Sénat, sénateur. — M. D'ESTOURNELLES DE CONSTANT, membre de la Cour de La Haye, sénateur, Président du Groupe Parlementaire de l'Arbitrage et de la Société de

Conciliation Internationale. — M. ROUVIER, ancien Président du Conseil, sénateur. — M. Etienne FLANDIN, député, Vice-Président du Groupe de l'Arbitrage. — M. Emile LABICHE, Président de l'Union Interparlementaire, sénateur. — M. A. FALLIÈRES, Président du Sénat. — M. SULLY-PRUDHOMME, de l'Académie Française. — M. Jules CLARETIE, de l'Académie Française. — M. Adolphe CARNOT, de l'Institut. — M. Jean JAURÈS, député, ancien Vice-Président de la Chambre, Vice-Président du Groupe de l'Arbitrage. — M. Louis MILL, député. — M. Emile COMBES, sénateur, ancien Président du Conseil. — M. DE LANESSAN, député, ancien Ministre. — M. Charles DUPUY, sénateur, ancien Président de la Chambre des Députés. — M. Aristide BRIAND, député. — M. E. LEVASSEUR, de l'Institut. — M. Paul DESCHANEL, membre de l'Académie Française, député, ancien Président de la Chambre. — M. Albert DECRAIS, membre de la Cour de La Haye, sénateur, ancien Ministre, ancien Ambassadeur. — M. Paul HERVIEU, de l'Académie Française. — M. E. LAVISSE, de l'Académie Française. — M. le Docteur CHAPUIS, député, Questeur de la Chambre. — M. Pierre BAUDIN, député, ancien Ministre, Vice-Président du Groupe de l'Arbitrage. — M. Frédéric PASSY, de l'Institut. — Mme la comtesse GREFFULHE. — Mme la comtesse Mathieu DE NOAILLES.

Deuxième page :

M. A. MESSIMY, député. — M. Emile CÈRE, député. — M. Charles BEAUQUIER, député, Vice-Président du Groupe de l'Arbitrage. — M. Paul RENOUARD, Artiste-Peintre. — M. Eugène CARRIÈRE, Artiste-Peintre (l'une de ses dernières signatures). — M. Auguste PAVIE,

Explorateur, Ministre plénipotentiaire. — M. Camille PELLETAN, député, ancien Ministre. — M. André WEISS, Professeur à la Faculté de Droit. — M. Charles GIDE, Professeur à la Faculté de Droit. — M. le baron Denys COCHIN, député. — M. Georges PERROT, de l'Institut.— M. Charles RICHET, de l'Académie de Médecine. — M. DORMOY, député. — M. VAZEILLE, député. — M. GROUSSEAU, député. — M. Léon BERTHET, député. — M. PICHERY, député. — M. Gaston DESCHAMPS, critique littéraire. — M. le général SEBERT, de l'Institut.— M. G. DARBOUX, Secrétaire perpétuel de l'Académie des Sciences. — M. O. ROTY, Sculpteur, de l'Institut. — M. Charles LYON-CAEN, de l'Institut, Professeur à la Faculté de Droit. — M. Henri MICHEL, député. — M. PETITJEAN, député. — M. Lucien CORNET, député. — M. Paul APPEL, doyen de la Faculté des Sciences.— M. J. AUGÉ, député. — MM. Paul et Victor MARGUERITTE, hommes de lettres. — M. Charles DUMONT, député. — M. Robert SURCOUF, député. — M. Prosper FERRERO, député. — M. le marquis DE CHAMBRUN, député. — M. Octave VIGNE, député. — M. PLISSONNIER, député. — M. DELÉGLISE, député. — M. Gustave LHOPITEAU, député. — M. BARD, Président de Chambre à la Cour de Cassation. — M. Louis BAUDET, député.— M. GENTIL, député. — M. POISSON, député. — M. LAROCHE-JOUBERT, député. — M. BALITRAND, député. — M. Georges GROSJEAN, député. — M. Jules DANSETTE, député. — M. LEFFET, député.— M. Octave CHENAVAZ, député. — M. BACHIMONT, député. — M. COMPAYRÉ, député. — M. A. DESFARGES, député. — M. J.-H. POINCARÉ, de l'Institut. — M. PERET, député. — M. Paul MEUNIER, député. — M. J. LARQUIER, député. — M. Fernand RABIER, député. — M. G. CHAIGNE, député.

— M. Charles CHABERT, député. — M. COLLIARD, député. — M. Jules RAIS, Secrétaire-adjoint du Groupe de l'Arbitrage.

Troisième page :

M. Georges TROUILLOT, sénateur, ancien Ministre. — M. Jean CODET, député. — M. Victor BROCHARD, de l'Institut. — M. Philippe, DAUZON, député. — M. Jules SIEGFRIED, député, ancien Ministre. — M. H. HARDUIN, Publiciste. — M. J. CORNÉLY, Publiciste. — M. le colonel PICQUART. — M. RIGAL, député. — M. Fernand DAVID, député. — M. A. GOURD, député. — M. Georges COCHERY, député, ancien ministre. — M. BICHON, député. — M. NOULLENS, député. — M. EUZIÈRE, député. — M. A. GERVAIS, député. — M. CAMPINCHI, Président de l'Association des Étudiants de Paris. — M. ROUGIER, député. — M. HOLTZ, député. — M. DESTIEUX-JUNCA, sénateur. — M. ROCH, député. — M. CHANAL, député. — M. le Docteur LABBÉ, de l'Institut, sénateur. — M. A. CROISET, doyen de la Faculté des Lettres. — M. PAJOT, député, Questeur de la Chambre. — M. VIOLLETTE, député. — M. le Docteur ROUBY, député. — M. CHASTENET, député. — M. Honoré LEYGUES, sénateur. — M, le Docteur FLAISSIÈRES, sénateur. — M. Albert KAHN, Trésorier de la Conciliation Internationale. — M. Émile MORLOT, député. — M. Ernest CAUVIN, député. — M. VILLAULT-DUCHESNOIS, député. — M. A. MOLLARD, député. — M. BOUHEY-ALLEX, député. — M. Albert MÉTIN, Secrétaire général de la Conciliation Internationale. — M. MANDO, député. — M. Marc RÉVILLE, député. — M. RIDOUARD, député. — M. DEVÈZE, député. — M. LIMOUZAIN-LAPLANCHE, sénateur. — M. MILLIÈS-LACROIX, sénateur. — M. le

Docteur EMPEREUR, député. — M. JEANNENEY, député. — M. René RENOULT, député. — M. A. LEMOIGNE, député. — M. CHAMBIGE, député. — M. Paul BOURELI, député. — M. LAFFÈRE, député. — M. Maurice COLLIN, député. — M. COUYBA, député. — Mme ARVÈDE-BARINE (Mme VINCENS), femme de lettres. — M. Pierre JAUDON, Secrétaire de la Conciliation Internationale.

Quatrième page :

M. Maxime LECOMTE, sénateur. — M. Georges COULON, Vice-Président du Conseil d'État. — M. Jean DUPUY, sénateur, ancien Ministre. — M. GOTTERON, sénateur. — M. Louis BARTHOU, député, ancien Ministre. — M. Émile CHAUTEMPS, sénateur, ancien Ministre. — M. CRUPPI, député. — M. E. GUÉRIN, sénateur, ancien Ministre. — M. J. CAILLAUX, député, ancien Ministre. — M. MODESTE-LEROY, député. — M. Raymond LEYGUES, sénateur. — M. Paul STRAUSS, sénateur. — M. SAUVAN, sénateur. — M. le comte D'ALSACE prince D'HÉNIN, député. — M. Gaston MENIER, député. — M. Antonin DUBOST, Président du Sénat. — M. ERMANT, sénateur. — M. Henry MARET, député. — M. SARRAUT, député. — M. Georges LECHEVALIER, sénateur. — M. PONTHIER DE CHAMAILLARD, sénateur. — M. NOËL, sénateur. — M. FESSARD, sénateur. — M. PIC-PARIS, sénateur. — M. le vicomte DE LA BATUT, député, Vice-Président du Groupe de l'Arbitrage. — M. BOISSY-D'ANGLAS, sénateur. — M. Emmanuel ARÈNE, sénateur. M. MONIS, sénateur, ancien Ministre. — M. Ferdinand BUISSON, député. — M. FORICHON, sénateur, premier Président de la Cour d'Appel. — M. LOURTIES, sénateur, ancien Ministre. — M. POIRRIER, sénateur, ancien Vice-Président du Sénat. — M. l'abbé LEMIRE, député.

— M. Bérenger, sénateur. — M. le baron de Marçay, sénateur. — M. le comte de la Riboisière, sénateur. — M. Auguste Lalance, ancien député Alsacien. — M. Maurice Berteaux, député, ancien Ministre. — M. Marcel Sembat, député. — M. Boudenoot, sénateur. — M. Lintilhac, sénateur. — M. Gustave Rouanet, député. — M. le Docteur Ricard, sénateur. — M. Vallé, sénateur, ancien Ministre. — M. Delbet, député. — M. Bidault, sénateur. — M. Gérald, député. — M. Mascuraud, sénateur. — M. Ansbert Labbé. — M. le Docteur Pédebidou, sénateur. — M. Lozé, ancien Ambassadeur, sénateur. — M. Gacon, sénateur. — M. Jules Godin, sénateur, ancien Ministre. — M. Duval, sénateur. — M. Simyan, député. — M. Émile Dupont, sénateur. — M. Victor Leydet, député. — M. Bezines, sénateur. — M. Henri David, sénateur. — M. le Docteur Piettre, sénateur. — M. Léon Janet, député. — M. Belle, sénateur. — M. le marquis de Lespinay, député. — M. Forgemol de Bosquenart, sénateur. — M. Dejeante, député. — M. Émile Bourgeois, Professeur à la Sorbonne. — M. Seignobos, Professeur à la Sorbonne. — M. Vidal de la Blache, Professeur à la Sorbonne. — M. Armez, député. — M. Victor Maurel, député. — M. Debussy, député. — M. Paul Bertrand, député.

Au reçu du parchemin, le Président Roosevelt adressa à M. d'Estournelles de Constant la lettre suivante :

Washington, 12 Avril 1906.

Mon cher Sénateur,

Permettez-moi de vous exprimer une fois de plus mes remerciements, à vous et aux autres donateurs des mémoires de Sully. Avec de telles signatures le livre devient, non plus seulement l'un des deux ou trois plus précieux, mais le plus précieux pour moi, de ma bibliothèque. Je suis vraiment touché profondément, mon cher Monsieur, par ce cadeau et je ne sais pas, en vérité, comment exprimer suffisamment combien je l'apprécie.

Ce n'est pas une phrase vide que de dire que la France est aimée et honorée en Amérique avec un sentiment tout particulier. Ce sentiment est général parmi mes compatriotes. Je l'ai toujours partagé ; mais maintenant je l'éprouverai plus que jamais ; et je m'efforcerai ardemment de me conduire de façon à ne pas forfaire à votre confiance et à celle des autres amis dont la signature m'est chère. Je souhaite que je puisse voir tous les signataires de ce côté de l'Océan, mais comme cela est impossible, j'espère au moins vous voir vous.

Fidèlement votre

Th. ROOSEVELT.

Pour l'Arbitrage

Discours de M. Andrew CARNEGIE publié en 13 langues sur l'initiative et par les soins de la Conciliation Internationale.

PRÉFACE

J'ai pris l'initiative d'organiser la publication de cet excellent discours dans toutes les langues civilisées ; voici pour quels motifs :

1° Par sympathie pour mon ami Andrew Carnegie et par reconnaissance pour ce qu'il a fait. Plus riche et plus puissant que bien des rois, il reste ce qu'il a toujours été, un travailleur ; sa fortune n'est pour lui qu'un nouvel instrument de travail, une machine colossale qu'il emploie à aider les générations qui le suivent dans l'éternel combat contre l'égoïsme et l'ignorance. Par mille moyens qu'il développe ou qu'il imagine, il répand les leçons, les exemples ; il ne se contente pas d'écrire des livres ou de prononcer des discours, véritables manuels pratiques et guides de la vie, il ouvre au peuple des instituts, des bibliothèques, des universités, des jardins et des parcs, il glorifie le courage civil et discrédite la violence, il brave le ridicule, il donne à la Cour de la Haye le Palais que le scepticisme et la parcimonie des Gouvernements lui refusaient ; ces Gouvernements assez riches pour consacrer chaque année des milliards à l'accroissement des dépenses de guerre, trop pauvres pour attribuer quelques milliers de francs à la sauvegarde de la paix.

2° Le discours d'Andrew Carnegie est un plaidoyer assez impressionnant pour mériter d'être propagé, quel que soit son auteur ; il abonde en arguments décisifs et ses citations des grands penseurs de tous les temps constituent le plus significatif des concerts, l'anthologie la plus précieuse à l'heure actuelle où les marchands de canons de tous les pays invoquent plaisamment les uns contre les autres un même Dieu des Batailles et prétendent substituer au sentiment moral et à l'instinct de conservation de l'Humanité leurs divers patriotismes concurrents.

3° Ce livre est à mes yeux autre chose qu'une bonne action et une œuvre utile ; j'y vois un symptôme remarquable.

L'éloge de la paix n'était jusqu'à présent qu'un chant platonique, le rêve d'un Kant, d'un Michelet d'un Victor Hugo, des philosophes et des poètes : ou bien c'était le cri de lassitude d'un despote abattu, ou encore la protestation dérisoire d'un despote en expectative. Napoléon Ier dictait à Sainte-Hélène les grandes lignes d'une fédération européenne et Napoléon III, avant de consacrer son règne à des guerres ininterrompues, s'écriait : « l'Empire c'est la paix ». Le scepticisme universel triomphait de ces rêves et de ces mensonges ; la guerre restait une institution consacrée. Un abîme ainsi se creusait entre les classes dirigeantes aveuglées et la foule impatiente, prête à la révolte.

Mais voici que des hommes d'expérience, des hommes pratiques , des hommes d'affaires comprennent le danger et se mettent à combler l'abîme.

Ils joignent leurs cris d'alarme aux appels des philosophes. Dans l'intérêt du progrès, dans l'intérêt de l'ordre, ils protestent contre la folie du militarisme. Ils montrent, non pas la gloire, mais la honte, non pas la sécurité mais la ruine et l'anarchie, la guerre universelle résultant de la paix armée. Et quand ces hommes deviennent nombreux surgissent de tous les points du globe, on a beau commencer par rire ou par feindre de s'indigner, on finit par ouvrir l'oreille et prendre garde à ce qu'ils disent ; on ne parvient pas à discréditer leur opinion dans les milieux qu'ils ont pénétrés et où leur succès l'a par avance signalée à la considération. Et quand ces hommes appartiennent à des pays divers, s'entendent sans le savoir, sans s'être concertés, pour proclamer, au prix de leur repos, les mêmes vérités, comment les Gouvernements réfractaires ne seraient-ils pas confondus et comment les peuples ne seraient-ils pas ravis d'une telle révélation, si simple, si naturelle, faite par des hommes d'action qui défendent leur œuvre, la civilisation qu'ils ont servie contre la guerre, contre l'éternelle ennemie du travail, l'ennemie de tous les pays ?

Un autre avantage apparaît dans cette publication. On n'accusera pas le patriotisme d'Andrew Carnegie. Comme tout bon Américain d'origine européenne, il a deux patriotismes plutôt qu'un : le patriotisme de son pays d'origine, l'Ecosse, celui de son pays d'adoption, les Etats-Unis.

En ma qualité de Français, je pourrais trouver qu'Andrew Carnegie ne fait pas la part de la

France et de la Révolution française dans son histoire des progrès de la Justice internationale, mais il me plaît de constater cet excès de son attachement « aux deux branches » de la grande race dont il se réclame ; comme il me plaît de relever la virile fierté avec laquelle, tout en flétrissant la guerre, il considère le dévouement héroïque à la défense du sol et des libertés nationales comme la conséquence du progrès de l'éducation pacifique. De même qu'il respecte le sentiment religieux, il aime sa patrie, ses deux patries, mais plus il les aime, plus il est exigeant pour elles, il est impitoyable pour les abus, pour les mensonges qui peuvent leur nuire ; impitoyable pour le cléricalisme aussi bien que pour le militarisme, ces frères jumeaux.

Il ne se fait pas non plus d'illusions ; il sait quels sont les défenseurs de ces deux fléaux quelles puissantes coteries en tirent leur subsistance et leur raison d'être dans tous les pays et il n'attend pas que la paix fasse son chemin rapidement et par la force ; il ne compte qu'avec la raison, la conscience, la patience ; mais il enregistre aussi tous les progrès conquis sur le mal depuis peu d'années ; il énumère les traités d'arbitrage conclus, les guerres évitées, les mœurs barbares abolies ou atténuées.

Il sait que rien ne s'improvise, que les réformes les plus profondes sont les plus difficiles à faire accepter, mais il voit de tous les côtés la science apporter à son tour ses meilleures forces à l'œuvre de paix ; les hommes d'Etat eux-mêmes venir à la suite des savants et, à leur tête, le président des Etats-Unis prendre l'initiative d'un mouvement sincère et décisif de conversion gouvernementale, proposant lui-même aux autres chefs d'Etats d'effectuer volontairement sans attendre que les peuples se décident à l'exiger la grande réforme d'une organisation, un commencement d'organisation de la Paix.

Ainsi les conclusions de ce travail sont optimistes. Andrew Carnegie démontre la nécessité morale, économique, politique, sociale, d'une organisation pacifique, mais en même temps il en entrevoit la réalisation chaque jour plus certaine, plus prochaine et il ne se contente pas de l'entrevoir, il y travaille. Chacun de nous doit l'y aider. (*)

D'ESTOURNELLES DE CONSTANT.

(*) — Cet élégant volume constitue un admirable élément de propagande. Il peut être offert en prix dans les écoles ; déjà, son succès a été tel que nous avons dû en commander à la maison Delagrave un nouveau tirage de 100,000 exemplaires français, indépendamment des traductions publiées par nos soins dans les autres pays.

Le prix de ce volume est de 1 franc ; nous le réduisons à 0 fr. 25 pour les membres du Groupe et de la Conciliation. — (25 francs les 100 exemplaires).

(Note du Secrétariat).

La Maison des Étrangers

Nous sommes loin encore de la « *Maison des Etrangers* », ce monument par excellence de la cité nouvelle où les peuples pourront se donner rendez-vous, se connaître, s'instruire et se fortifier de l'expérience les uns des autres, — ébaucher les grandes associations aussi nécessaires aux nations qu'aux individus, préparer les coopérations bienfaisantes si longtemps retardées par l'ignorance, la distance, et par les antagonismes officiels.

Nous nous approchons cependant du but. On a vu dans ce bulletin et dans le précédent les manifestations de l'opinion de tous les pays en faveur d'une organisation des bonnes relations internationales ; le fait seul que le Groupe Parlementaire Français de l'Arbitrage compte depuis les élections dernières — après quatre années seulement d'existence — 405 adhérents, sénateurs et députés, (près de la moitié du Parlement français), ce fait seul constitue un symptôme significatif. D'innombrables bonnes volontés, jadis isolées et paralysées, s'orientent vers un même horizon et se rencontrent dans la même voie. Des initiatives spontanées surgissent dont on aurait souri il y a quelques années ; chacun de nos amis s'ingénie à réaliser nos rêves ; notre programme s'exécute sans bruit sur tous les points à la fois.

La Maison des Etrangers elle-même s'édifie, dans la forme modeste et sage d'un premier essai. Avouons-le, nous n'aurions pas osé croire que cet essai serait tenté si vite : nous n'avions pas pensé qu'une sorte de répétition préalable, en miniature, était indispensable, et qu'il nous fallait faire d'abord notre apprentissage des difficultés à surmonter.

Plus prévoyant que nous, un de nos amis, M. Albert Kahn, a voulu faire une expérience nouvelle à notre profit. Déjà, nous lui devons plus d'une entreprise dont on sait le succès, et notamment son institution des voyages autour du monde. Nombre de jeunes Français d'élite terminaient chaque année leurs études supérieures, et se trouvaient appelés à enseigner les générations futures, à la seule clarté du passé. Ce que peuvent apprendre les livres, ils le savaient ; ce que doit apprendre la vie, ils l'ignoraient ; par une fatalité plus forte souvent que la vocation la plus dévouée, leurs fonctions mêmes d'éducateurs semblait les condamner à cette ignorance ; elle les assujettissait à la transmission fidèle du dépôt qu'ils avaient reçu, elle les attachait au devoir quotidien de cette transmission si étroitement qu'il leur manquait le temps, les loisirs, les ressources nécessaires pour enrichir leur enseignement de leurs découvertes personnelles, et pour l'élever chaque jour au-dessus de son point de départ, au niveau du progrès moderne, national et universel.

L'élément essentiel du progrès général leur faisait défaut : la comparaison et l'émulation. C'est afin de combler cette lacune que les bourses de voyage autour du monde furent fondées : une élite de jeunes agrégés fut affranchie, parcourut l'Europe, l'Amérique, l'Australie, l'Asie. Plusieurs boursiers revinrent en France, les uns après les autres, rapportant des travaux, des livres, des mémoires, des conférences, l'inspiration et la matière d'un évangile moderne. Qui dira dans quelle mesure cette organisation d'un apostolat du progrès a pu contribuer en France, puis par répercussion dans d'autres pays, à l'éveil des intelligences et des consciences ?

En tous cas, l'œuvre vivante se poursuit, se développe ; les jeunes filles agrégées sont maintenant admises à la même faveur que les jeunes gens.

Un danger, toutefois, restait à surmonter. Tous ces jeunes gens successivement rentrés en France, se connaissent-ils ? se rencontrent-ils ? leurs acquisitions nouvelles resteront-elles éparses et sans cohésion, ou seront-elles groupées, au contraire, et associées ?

Autre problème. C'est pour le résoudre que M. Kahn vient d'inaugurer dans ses jardins de Boulogne-sur-Seine, un phalanstère, dont nous publions les statuts, et qui réunira tous les boursiers désireux d'en faire partie. Ce phalanstère est en même temps l'embryon de la Maison des Etrangers, car il s'ouvrira naturellement à l'élite intellectuelle et morale de tous les pays où nos boursiers n'ont pas manqué de se créer des relations et des amis.

Nous avons visité la jolie maison. Puisse-t-elle servir bientôt de modèle pour l'agrandissement que nous rêvons dans un avenir encore lointain, mais non chimérique.

CORRESPONDANCE

avec les Membres de la Douma de Russie

Cette correspondance a été très active.

Le Président n'a pas manqué de fournir à ceux des Membres de la Douma qu'il connaissait ou qui se sont adressés à lui, notamment à M. Kowalewski et à M. Ostrogorski, toutes les indications nécessaires pour leur permettre de fonder au Parlement Russe un groupe de l'Arbitrage analogue à celui qui existe au Parlement Français, et, par suite, d'entrer en relations avec les autres Parlements de l'Europe et du Monde. Il a vivement insisté pour que la Douma envoyât à la conférence interparlementaire de Londres une délégation afin d'établir entre le Parlement russe et ceux des autres pays des liens destinés à fortifier son existence et à faciliter son développement.

L'évènement a prouvé à quel point cette précaution était nécessaire. La délégation russe est arrivée à Londres au moment où éclatait la nouvelle de la dissolution de la Douma. Elle reçut un accueil d'autant plus cordial et enthousiaste ; le premier Ministre Anglais la salua de ce mot retentissant : *« la Douma est morte, vive la Douma ! »* (Voir le discours de Sir H. Campbell Bannerman).

Elle put regagner la Russie après avoir fait acclamer à la fois la Douma d'hier et la Douma de demain. Ce voyage aura contribué à enraciner malgré tout le nouveau régime parlementaire en Russie en l'accréditant pour ainsi dire auprès des autres Parlements.

*
* *

Voici la lettre par laquelle le Président avise le Groupe des décisions prises par la Douma, concernant la formation d'un Groupe de l'Arbitrage :

GROUPE PARLEMENTAIRE DE L'ARBITRAGE INTERNATIONAL

—

Paris, le 22 juin 1906.

Mon cher Collègue,

Je suis avisé par un télégramme de nos collègues de la Douma que cette assemblée vient de prendre une décision qui nous intéresse.

S'inspirant de notre organisation que j'avais fait connaître à plusieurs de ses membres et à son Président, d'accord avec nos collègues du Parlement anglais, elle a décidé, à l'unanimité, de constituer un Groupe de l'Arbitrage analogue au nôtre. C'est un nouveau succès pour notre action. Je vous communiquerai la correspondance échangée à ce sujet dans notre séance de la semaine prochaine.

Votre dévoué,

D'ESTOURNELLES DE CONSTANT.

Déclaration faite par

M. OSTROGORSKI, Député

au nom de la Commission du Règlement, à la séance de la Douma d'Empire du 21 Juin 1906.

Annexes aux lettres de M. le Président de la Douma et du rapporteur.

Le Président du Groupe britannique de l'Union Interparlementaire de l'Arbitrage International, lord Weardale, par une lettre adressée au Président de la Douma d'Empire, a invité les membres de la Douma à prendre part au Congrès interparlementaire qui va se réunir à Londres, au mois de Juillet, avec l'appui du gouvernement de Sa Majesté Britannique.

En même temps, le Président du Groupe Parlementaire Français de l'Arbitrage International, M. le sénateur d'Estournelles de Constant, dans une lettre adressée au Président de la Douma d'Empire, a exprimé le vœu de voir se former un Groupe Parlementaire russe semblable aux Groupes français et britannique de l'Union et de l'Arbitrage International.

Ces communications méritent, sans aucun doute, toute notre attention, non seulement parce qu'elles émanent des sphères parlementaires d'Angleterre et de France, mais à cause de la grande importance de l'objet de l'Union Interparlementaire.

Le mouvement qui tend à la solution des différends internationaux non pas par la force des armes, mais par la voie pacifique de l'arbitrage, a fait des progrès considérables dans le monde. La Conférence de La Haye, convoquée sur l'initiative du Gouvernement russe, a été une des plus importantes étapes vers la réalisation de cette idée. Toute une suite de conventions, que plusieurs Etats avaient conclues dans ces dernières années, à l'effet d'un règlement pacifique des différends qui pourraient s'élever entre eux, a fait de l'idée une réalité. Ce qui était considéré comme une utopie s'affirme de plus en plus dans l'opinion publique non seulement comme un commandement de la raison et de la conscience humaine, mais comme une exigence inexorable des intérêts vitaux des peuples.

L'appel qui nous est adressé et qui émane des parlements des deux pays qui sont à la tête de la civilisation, ne pourrait trouver nulle part un accueil plus sympathique que parmi nous. Nous saluons l'idée de la paix non seulement parce que nous nous trouvons encore sous l'impression d'une guerre récente, non seulement parce que combattant pour la liberté et pour le droit nous haïssons la violence sous toutes ses formes, mais encore parce que la soif de la justice dans les rapports nationaux et internationaux agite chez nous depuis longtemps déjà les esprits et les cœurs. Ce n'est pas d'hier que le cri de l'âme russe endolorie s'est tourné contre les horreurs de la guerre, et les grands écrivains de la Russie, ses grands artistes de la parole et du pinceau les ont depuis longtemps condamnées.

A l'heure actuelle, où naît la liberté russe, la Russie est plus que jamais animée du désir le plus ardent de poursuivre sur l'arène internationale des succès dans le domaine de la civilisation, par la voie de la compétition pacifique et sous le drapeau de l'idéal humain. La Russie puisera dans cette résolution une force nouvelle qui lui permettra de monter la garde de sa dignité et de sa puissance avec une calme assurance, et d'être, en même temps, un ferme appui de la paix dans le monde. *Une force nouvelle se met au service du développement pacifique de l'humanité ; la nation russe, formée de tous les peuples de la Russie, unis pour la première fois par la liberté fondée sur le droit.*

Pénétrés de cette assurance, nous avons l'honneur de proposer à la Douma d'Empire :

De prier le Président de la Douma d'informer lord Weardale et M. le sénateur d'Estournelles de Constant que leurs communications, portées à la connaissance de la Douma, ont trouvé l'écho le plus vif parmi ses membres, dont la foi dans le triomphe final du droit sur la violence s'étend aussi aux rapports internationaux et qu'étant donné ces sentiments des membres de la Douma d'Empire, les vœux exprimés au sujet de la formation du Groupe Parlementaire Russe de l'Union et de l'Arbitrage et de la participation de ses représentants à la Conférence de Londres trouveront, sans aucun doute, un accueil favorable au milieu des membres de la Douma d'Empire.

La Douma a adopté la proposition sans débats, à l'unanimité, et par des applaudissements répétés.

Lettre de M. OSTROGORSKI

Rapporteur de la Commission du Règlement de la Douma, à M. le Président du Groupe Parlementaire Français de l'Arbitrage International.

Saint-Pétersbourg, 25 Juin 1906.

Mon cher Collègue,

La lettre que vous avez adressée au Président de la Douma aussi bien que la communication de lord Weardale sur le même sujet, parvenue plus tôt, ont été renvoyées à la Commission du Règlement dont M. Maxime Kovalewski est le Président et moi le Rapporteur. J'ai fait approuver par la Commission la déclaration dont vous trouverez ici le texte et je l'ai portée à la Chambre. Toute la Douma l'a saluée par des applaudissements répétés et a adopté la proposition sans débats, à l'unanimité.

Je procède actuellement à l'organisation de la réunion constituante du futur Groupe Parlementaire Russe. J'ai déjà (le premier jour) recueilli un certain nombre d'adhésions. Dans une huitaine de jours, le Groupe sera déjà probablement constitué.

Mais je crains fort qu'il ne nous sera guère possible de prendre part à la Conférence de Londres. Notre Assemblée, — à moins d'un coup d'Etat, — continuera à siéger bien avant dans l'été. Ceux d'entre nous qui pourraient prendre part avec fruit aux travaux de la Conférence seront les plus empêchés pour s'y rendre, car presque tous ils font partie des grandes commissions parlementaires qui préparent la reconstruction de tout l'édifice légal de l'Etat Russe.

Croyez bien que ce sera pour nous un sujet de regrets les plus vifs si nous sommes obligés de nous abstenir de la Conférence Interparlementaire de cette année, mais ce sera véritablement un cas de force majeure.

Avec mes sentiments les meilleurs.

Signé : M. Ostrogorski.

Les exécutions capitales en Russie

Lettre adressée par le Président à M. Kowalewski, membre de la Douma, en réponse à une demande concernant la question des exécutions capitales en Russie.

Paris, le 26 Mars 1906.

Monsieur,

Je déplore profondément, d'accord avec tous les êtres conscients de tous les pays, les exécutions à mort en général et particulièrement pour crime politique. Je ne me place pas au point de vue moral et encore moins sentimental — puisqu'il est de mode encore d'opposer au sentiment et à la raison la Raison d'Etat ; je me place au seul point de vue politique. Je crois que le gouvernement Russe, dans son propre intérêt, agirait sagement en usant de modération et de clémence. Les rigueurs ne servent qu'à enraciner des ressentiments et des haines. On exécute un révolutionnaire et on croit décourager les autres alors qu'on allume au contraire dans leurs âmes le désir ou plutôt la vocation de la vengeance. Le sang d'une victime est plus redoutable que les conspirations d'un révolté ; la plus efficace des propagandes anti-gouvernementales est celle des morts.

Recevez, Monsieur, mes sincères salutations.

D'ESTOURNELLES DE CONSTANT.

L'enseignement supérieur

et la

Conciliation Internationale

Nous croyons devoir publier la lettre suivante adressée au ministère de l'Instruction publique, il y a un an.

A Monsieur le Ministre de l'Instruction publique,

Paris, 28 Octobre 1905.

Monsieur le Ministre,

Dans un article définissant l'action de notre Société de « Conciliation Internationale », article publié par le *Journal* du 28 Juin dernier, j'écrivais :

« Ce n'est pas seulement l'éducation des masses, c'est l'éducation des classes dirigeantes qui est toute entière à faire ; il faut que ces classes soient de leur temps... »

En même temps j'indiquais le rôle admirable dévolu à votre Département dans l'œuvre nécessaire de prospérité nationale et de conciliation internationale. Lorsqu'il y a quelques années nous avons entrepris, une phalange de vaillants conférenciers et moi, de secouer l'apathie publique au nom des « intérêts nationaux », nous avons sollicité surtout le concours de vos collègues du *Commerce*, des *Travaux publics*, de l'*Intérieur*. Maintenant que notre œuvre s'élargit, elle ne peut aboutir sans l'aide effective du Ministre responsable de l'éducation nationale.

Oui, « l'éducation des classes dirigeantes est toute entière à faire. » Ne vous apparaît-il pas, en effet, Monsieur le Ministre, que ces classes vivent en dehors de leur temps, plus étroitement liées au passé que tournées vers l'avenir ? Tandis que partout, en Amérique comme en Europe, au Japon comme dans notre Occident, les masses populaires sont avides de travail, d'organisation, d'activité économique ; tandis que par les syndicats, les coopératives, les Universités populaires, se fait avec une rapidité croissante l'éducation des multitudes ouvrières, les classes dirigeantes, celles où se recrutent nos administrateurs métropolitains ou coloniaux, nos diplomates, nos officiers, nos magistrats, vivent dans un véritable anachronisme.

Tel ingénieur mis à la tête d'une grande entreprise publique ou privée ignore tout des problèmes relatifs au salaire et à la main d'œuvre. Tel juge, à qui la loi peut cependant conférer le redoutable privilège d'être arbitre en cas de grève, ne soupçonne pas les causes profondes de l'évolution qui a fait sortir de l'ancien contrat de louage de services les formes neuves du contrat de travail. Tel ambassadeur, élevé dans l'admiration exclusive des grandes négociations, dans le respect des Cours et des Cabinets, des Protocoles et des Combinaisons, ne s'aperçoit pas que le monde est mené de plus en plus par les intérêts économiques, que les questions primordiales de la politique internationale sont des questions de sucre, de coton, de tarifs douaniers. Nos grands commerçants eux-mêmes sont mal préparés à démêler le réseau enchevêtré des courants économiques, à mesurer la répercussion que peuvent exercer sur nos industries l'essor d'un peuple neuf ou la colonisation d'une terre ci-devant vierge.

Ces ignorances sont une cause d'affaiblissement pour la Nation. Elles la mettent notoirement en état d'infériorité vis-à-vis des peuples mieux outillés à cet égard, l'Allemagne, l'Amérique. Bien plus, elles risquent de diviser la Nation elle-même. Si, de plus en plus, les classes ouvrières s'organisent en vue de la conquête économique, si de plus en plus les classes dites dirigeantes se refusent à jouer leur rôle et se désintéressent des questions capitales de notre époque, fatalement les travailleurs manuels refuseront de se laisser « diriger » par ceux qu'ils considèrent comme des oisifs. Ils entendront se diriger tout seuls. Or, comme ils ne peuvent pas, malgré les progrès de l'éducation populaire, acquérir cette culture intellectuelle que donnent seuls les loisirs, les études poussées dans l'indépendance et jusqu'à un âge très avancé, l'habitude des recherches désintéressées, bref la connaissance scientifique, on verra notre civilisation rétrogader au lieu de faire un pas en avant.

Il importe donc, Monsieur le Ministre, que les classes dirigeantes (j'entends par là celles qui reçoivent l'enseignement supérieur) soient élevées pour la vie moderne. A côté des mathématiques et des sciences physiques, à côté du grec, des langues vivantes, du droit, il faut qu'on fasse une place, dans nos universités, aux réalités économiques.

Je n'oublie pas, Monsieur le Ministre, que nos Facultés de droit donnent, et non sans éclat, l'enseignement économique ; mais ce qu'elles enseignent, ce sont les doctrines élaborées par les grands penseurs, ce ne sont pas les réalités vivantes. L'enseignement que je réclame serait un enseignement des **faits économiques et sociaux.** Il étudierait les problèmes du travail non pas dans leur rapports avec les principes de l'économie politique, mais dans leur développement historique ; il rechercherait, par la connaissance concrète du passé, les origines des institutions sociales actuelles ; il montrerait comment se sont constituées les nouvelles forces économiques, Amérique, Australie, Japon, qui troublent l'ancien équilibre de la planète.

La place de cet enseignement est dans les Facultés qui enseignent les réalités concrètes ; la chaire qui étudiera les *faits économiques et sociaux* sera voisiue des chaires d'Histoire et de Géographie, car elle devra sans cesse s'appuyer sur le sol résistant de la Géographie et de l'Histoire. Elle aura pour auditeurs, surtout à la Sorbonne, nos futurs professeurs, l'élite de nos instituteurs. L'esprit qui aura présidé à sa création pourra ainsi se répandre de plus en plus largement, par l'enseignement secondaire, par l'enseignement primaire supérieur, dans les diverses couches de la Nation. Largement accessible à tous, et surtout à tous ceux qui se préparent à des carrières actives, aux futurs « Directeurs » de l'Administration, du Commerce, de l'Industrie, cet enseignement les détournera des abstractions et des vieilleries ; il en fera des hommes de leur temps, au courant des problèmes dont la solution, à l'heure actuelle, importe le plus à l'humanité.

En prenant l'initiative de cette création, (quelle qu'en soit d'abord la forme, chaire magistrale ou simple cours en Sorbonne), vous contribuerez, Monsieur le Ministre, à rétablir l'harmonie nécessaire entre les classes dirigeantes et les masses, à mieux armer la France pour les rivalités économiques. Par là même, en faisant passer au premier rang de nos préoccupations ces questions de production et d'échanges qui sont un lien de plus en plus étroit entre les peuples vous ferez une œuvre éminemment républicaine et patriotique ; vous aurez acquis un nouveau titre à la confiance de la démocratie, à la reconnaissance des bons Français, soucieux d'assurer l'avenir de notre pays PAR LE DÉVELOPPEMENT SIMULTANÉ DE SES PROGRÈS A L'INTÉRIEUR ET DE SES BONNES RELATIONS A L'EXTÉRIEUR.

Veuillez agréer, Monsieur le Ministre et cher Collègue, l'assurance de ma haute considération.

Le Président du Comité,

D'ESTOURNELLES DE CONSTANT.

L'ENTENTE CORDIALE
EST UN COMMENCEMENT

DISCOURS

PRONONCÉ

par M. D'ESTOURNELLES DE CONSTANT

à ÉDIMBOURG

LE 2 NOVEMBRE 1906

Monsieur le Lord Provost,
Mesdames, Messieurs,

. . . .

J'ai accepté les yeux fermés, l'invitation de venir prendre la parole à Edimbourg ; j'ai voulu payer ma dette de reconnaissance à l'Ecosse. Cette visite est pour moi l'occasion d'une sorte de pélérinage au pays qui a puissamment contribué et qui contribue tous les jours au progrès du Monde, à la paix telle que tout homme libre la conçoit, laborieuse, honorable et fiére. Malgré sa situation géographique ingrate et son climat, malgré ses luttes, ses infortunes dans le passé, l'Ecosse apparaît aux yeux de tous comme une terre privilégiée ; son nom éveille l'idée de richesse, de charme, de poésie, en même temps que d'énergie, d'héroïsme, d'invention, d'aventure même. C'est bien au milieu de vous que je puis exprimer les convictions qui m'animent sans crainte de les voir dénaturer ; vous qui confondez les sceptiques en accomplissant ce miracle : l'accord parfait de la pensée et de l'action, du rêve et de la réalité ; vous qui êtes le pays du travail et du succès, — car on peut dire que partout où l'activité anglaise se porte elle est soutenue par l'initiative écossaise : vous qui êtes le pays de la bonté et de l'enthousiasme, car on peut dire que partout où la générosité anglaise se manifeste, elle est stimulée par le dévouement Ecossais.

Ce n'est pas aujourd'hui ma première visite à Edimbourg ; j'y suis venu jadis tout jeune, il y a plus de trente années; alors ignorant, inconnu, seul, j'ai traversé l'Ecosse, j'ai regardé, mais sans pouvoir rien dire ni rien entendre ; je ne parlais pas l'Anglais, (et encore moins l'Ecossais, vous me permettrez de l'avouer !) Aussi le plus clair profit pour moi de ce voyage a-t-il été de me révéler un mal qui en engendre beaucoup d'autres ; j'ai vu que deux peuples faits pour se comprendre et pour s'aimer, peuvent vivre face à face et s'ignorer, faute de parler la même langue ; j'ai compris que ces deux peuples sont à la merci d'un intermédiaire, d'un hasard, et que, si personne ne s'interpose pour les éclairer sur leurs mutuels sentiments, un malentendu suffit pour les précipiter l'un contre l'autre.

***

Je suis venu plusieurs fois, depuis lors, en Ecosse, notamment en 1893. — En 1893 j'étais diplomate ; on m'aurait bien étonné alors si on m'avait prédit que je parlerais ici un jour, en public et en Anglais. Et pourtant tout cela s'enchaîne. J'aspirais alors à pleins poumons l'éducation politique anglaise ; je jouissais de mes relations personnelles conquises peu à peu, dans ces maisons d'autant plus hospitalières à l'intérieur que le brouillard est plus humide au dehors ; je m'instruisais au contact de vos hommes politiques, dont plusieurs, sans distinction de parti, devinrent mes amis, ainsi que de vos savants et de vos artistes ; je m'honore d'avoir connu personnellement votre Gladstone, lord Granville, lord Salisbury, sir W. Harcourt, Darwin, Watts, pour nommer seulement ceux qui sont entrés dans l'Histoire.

En même temps, je défendais de toutes mes forces et comme j'avais mission de les comprendre, les intérêts de mon pays. En 1893 la France et l'Angleterre étaient en grande querelle, à propos du Siam ; sous l'incitation des passions chauvines, de part et d'autre, la querelle s'était envenimée ; elle éclata au mois de Juillet en un conflit tout à fait grave qui se régla tant bien que mal. J'étais alors accrédité comme représentant intérimaire de la France auprès du Gouvernement Britannique ; il faut croire que mon Gouvernement fut satisfait de mon énergie puisqu'il la récompensa. Ce qui est certain c'est que nous avions été tout près de la guerre sans que personne s'en doutât, (à l'exception de quelques personnalités politiques) : nos deux pays faillirent s'éveiller un matin en présence du fait accompli, irréparable, obligés de mobiliser l'nn contre l'autre toute leur jeunesse, toutes leurs ressources pour s'entre-détruire. Ce qui est certain aussi c'est que l'affaire du Siam laissa derrière elle le germe empoisonné d'autres conflits plus dangereux encore...

C'est au lendemain de cette crise que mes amis d'Ecosse m'appelèrent chez eux pour en fêter le dénouement. La cordialité de leur accueil n'était pas nouvelle pour moi et cependant elle me surprit ; elle me troubla dans le secret de ma conscience, comme une manifestation inattendue de fraternité ; il me sembla que j'étais en France au milieu des miens. J'étais passé sans transition de l'atmosphère ardente des luttes politiques dans l'intimité d'un peuple que je venais de combattre comme s'il ne comptait que des adversaires. Le contraste me saisit ; il me fallut rentrer en moi-même et m'interroger. L'impossibilité, l'horreur, le crime d'une guerre entre la France et l'Angleterre m'apparut comme une aveuglante vérité laissant dans l'ombre tout le reste. J'en arrivai à me demander moi Français, moi Patriote, si j'avais fait mon devoir d'homme et de citoyen en faisant si bien mon devoir de diplomate...

Certes, dans un esprit d'antagonisme, il m'avait été facile de voir l'Angleterre isolée, menacée par la concurrence de nations nouvelles, mais dans un autre esprit plus sage, ne devais-je pas me demander quel intérêt la France, exposée de son côté aux mêmes dangers, pouvait avoir à multiplier le nombre de ses adversaires ; quel intérêt la France républicaine pouvait avoir à perpétuer les querelles d'autrefois ? La perspective de la guerre entrevue de si près, avec ses conséquences incalculables, désastreuses pour les deux pays, pour le monde entier, me fit mieux comprendre les avantages d'un accord, s'il était possible. Comment ne pas souhaiter un accord durable entre deux peuples qui ont tant besoin de s'entr'aider et dont les ressources, loin d'être rivales, sont complémentaires les unes des autres ? Comment ne pas souhaiter le rapprochement des deux grandes nations libérales, dans leur intérêt et dans l'intérêt de la civilisation toute entière ? Comment ne pas voir la France, de même que la

Grande Bretagne, riche, forte, respectée, et la paix du monde assurée grâce à cette entente ?

Mais cette entente était-elle possible ? Non. Un diplomate ne pouvait même pas y songer. Pour l'avoir seulement désirée l'Ambassadeur que je remplaçais, M. Waddington, mourut condamné par la presse, par ses électeurs, par son Gouvernement. C'est ici qu'il fallait regarder la vérité et non la chimère. Un rapprochement Franco-Anglais, si nécessaire qu'il fût, était irréalisable, inconcevable dans l'état d'égarement et d'ignorance où avait été portée de part et d'autre l'opinion ; cet état d'égarement et d'ignorance, — résultant pour une large part de la guerre de 1870-1871 — séparait non seulement la France et l'Angleterre mais tous les pays les uns des autres, et paralysait les Gouvernements qui auraient été tentés de réagir. La guerre est certes détestable en elle-même, mais plus encore par les défiances et les haines barbares qu'elle ressuscite.

Qui d'entre vous, chers amis, — mes adversaires d'hier, — qui de vous n'a pas rougi des préventions, des légendes ineptes formant la base du « jingoïsme » dans tous les pays ? Je pourrais vous citer le nom d'un de mes plus anciens amis anglais lequel, parlant le Français comme moi-même, avait naturellement pris soin de l'enseigner à son fils dès le berceau. Tout alla bien tant que l'enfant vécut dans sa famille mais, une fois entré à l'école en Angleterre, le voilà raillé, montré du doigt par ses camarades, comme un phénomène ridicule : il était seul à bien savoir le Français ; et ce qui est le plus grave, il le parlait sans accent ; songez donc ! parler le Français avec un accent qui n'était pas Anglais ! Confus, honteux, inconsolable, le malheureux n'eut qu'une ressource : oublier tout ce qu'il savait ; il y réussit à la longue : deux années d'école et d'application lui suffirent pour désapprendre le Français ! Vous riez ? N'avez-vous pas connu comme moi de jeunes anglais à qui l'on persuadait que les Français ne se nourrissent que de grenouilles, que Paris est la Babylone moderne !!!

Si je vous disais qu'en France, (pour prendre un exemple entre mille et j'ai vu pire dans d'autres pays), dans la petite commune dont je suis devenu le maire, à grand peine, (car il m'a fallu lutter, vous pensez bien, pour représenter mon pays natal au Parlement) ; si je vous disais que dans ma commune, à Clermont-Créans, le curé, — qui était d'ailleurs un excellent homme, — croyait honnêtement accomplir sa mission de bon catholique et de bon français en prêchant, en chaire, chaque dimanche à ses paroissiens, la guerre sainte contre l'Angleterre. Et les patriotiques sermons du curé de Clermont, étaient fidèlement reproduits par le journal soi-disant *bien pensant* de la région ; et c'est par milliers que les journaux de ce genre exerçaient leur activité, leur mauvaise humeur ou leur industrie. Ce qu'on appelle en Amérique la « presse jaune » existe dans tous les pays.

Tel était l'état des esprits. Que faire sinon le subir ou le combattre ? Le subir me fut impossible. Entre l'impuissance et l'action, entre ma carrière et ma conscience j'ai opté. J'ai abandonné sans regret l'existence dorée du diplomate pour entreprendre la vraie lutte, non pas la lutte contre un peuple, mais la lutte contre l'ignorance, ennemie commune de tous les peuples.

*
* *

Cette résolution plusieurs de mes amis la blamèrent, déplorant ce qu'ils appelaient « ma perte » et déclarant qu'en choisissant le bon chemin « j'avais mal tourné ».... Je ne me laissai pas arrêter ; j'entrai au Parlement français ; je parcourus la France du Nord au Sud, de l'Est à l'Ouest, puis l'Europe et le plus possible de l'Amérique. Heureusement les généreuses populations dont je suis l'élu, peut-être même l'enfant gâté, ne se sont pas lassées de ma vie nomade et m'ont d'autant mieux soutenu de loin comme de près que j'étais plus violemment attaqué. Jamais je ne leur témoignerai assez ma gratitude, mon affection. Partout, en France comme à l'étranger, j'ai trouvé des encouragements chaleureux, partout, en somme, j'ai constaté qu'une infime minorité favorise seule dans le monde les querelles internationales, mais cette minorité fait beaucoup de bruit, tandis que la majorité silencieuse se laisse persuader qu'elle ne comprend rien aux *affaires étrangères* et qu'elle doit, par patriotisme, laisser à la minorité le soin de s'en occuper à sa place. Là est le mal. Initier le peuple aux questions extérieures ; lui apprendre qu'il n'y a pas de travail ni de prospérité, ni de progrès à l'intérieur, aussi longtemps que la paix n'est pas assurée au dehors ; lui faire saisir la corrélation existant entre l'activité nationale et les bonnes relations internationales ; là est le remède. Le temps est passé de la politique à la Machiavel qui consistait à cultiver les antagonismes au lieu de les concilier, à entretenir la défiance quand la confiance ne demande qu'à naître, à pratiquer la mauvaise foi quand la loyauté seule donne des résultats durables. En fait les peuples sont tous d'accord, sans s'en douter ; il y a plus de sympathie entre un bon Français et un bon Anglais qu'entre un bon Français et un mauvais Français ; plus de solidarité entre un Français qui travaille et un Anglais qui travaille qu'entre un Anglais laborieux et un Anglais paresseux ; je ne dis pas : un Ecossais, car il n'y a pas d'Ecossais paresseux !...

Ce qui n'empêche pas que si, dans un pays, la majorité pacifique se laisse entraîner à la guerre par la minorité chauvine, la majorité pacifique du pays voisin est obligée de prendre les armes pour se défendre et les deux majorités pacifiques s'exterminent sans savoir pourquoi.

C'est contre cette absurdité que proteste le bon sens et c'est cette absurdité qu'il faut faire cesser. La tâche devient facile ; la science se charge aujourd'hui d'instruire l'opinion et la multitude des découvertes modernes, le développement seul des communications de toutes sortes suffisent à éveiller l'universelle attention. Il devient impossible, à la lumière du progrès général, qu'un peuple reste longtemps seul dans les ténèbres. Les bons exemples sont contagieux. C'est à ce titre que le rapprochement Franco-Anglais aura rendu de plus en plus des services inestimables.

Mieux préparées que d'autres peut-être, en Europe, par leurs institutions, par des expériences de leur histoire, la France et l'Angleterre ont mis leur politique en harmonie avec l'évidence de la raison ; et finalement l'accord qui semblait chimérique en 1893 est devenu en 1906, un fait accompli que le monde entier célèbre comme un bienfait. Ce qu'il faut admirer surtout dans cet accord, c'est qu'il n'a pas été l'œuvre d'un parti : il n'y a pas en France un homme digne de ce nom qui ne reconnaisse les avantages de l'Entente

Cordiale, et nos ministères peuvent changer sans que notre politique étrangère en soit sérieusement modifiée, parce que cette politique est devenue celle de la nation. De même en Angleterre vous avez vu Lord Lansdowne, ministre des affaires étrangères du Cabinet Balfour, favoriser de tous ses efforts un accord que notre Diplomatie, heureuse de profiter du revirement de l'opinion, a su conclure et qui sera son grand honneur, comme celui de notre Ministre des Affaires Etrangères d'alors, M. Delcassé. Après Lord Lansdowne son digne successeur au Foreign Office, sir Ed. Grey, s'est inspiré du même esprit élevé. Sir Ed. Grey est bien le Ministre des Affaires Etrangères qui convenait au Gouvernement que préside Sir Henry Campbell Bannerman. Le premier Ministre actuel me pardonnera si je rappelle que l'héritage de Gladstone était bien lourd ; et pourtant il le porte allègrement ; aucune popularité n'a été plus grande que la sienne, parce que, à l'exemple de votre souverain, il s'est fait l'interprête résolu des sentiments populaires en faveur d'une organisation de la Paix.

Avec de tels concours, désirée par le peuple, servie par le Roi, par les chefs d'Etat, par les Gouvernements, par la Diplomatie, l'Entente Cordiale est devenue mieux qu'un fait accompli, elle a été un signal, un enseignement pour l'ensemble du Monde ; il faut voir en elle plus qu'un résultat, un point de départ.

Dès le mois d'octobre 1903, en effet, la France et l'Angleterre reconnaissaient par une convention formelle, la Cour de La Haye jusqu'alors raillée, boycottée. Quelques mois plus tard, le 8 avril 1904, un traité plus vaste terminait les difficultés incessantes qui mettaient aux prises nos deux pays dans toutes les parties du monde. Cela fait, d'autres gouvernements, y compris l'Allemagne, suivirent le courant, signèrent des conventions d'arbitrage, négocièrent des arrangements, aux applaudissements de l'opinion. N'était-ce pas l'ouverture d'une ère nouvelle?

Pour être équitable, rappelons-nous que la patiente préparation de ce mouvement se fit dans plusieurs pays en même temps. Il a fallu que la température générale des relations internationales s'élevât de plusieurs degrés pour qu'une entente spéciale devint possible, non pas dans la forme classique d'une convention militaire dirigée contre un ou plusieurs autres Etats, duplice ou triplice, mais simplement dans un esprit de sincère conciliation.

Tandis qu'en France l'émancipation de l'opinion aboutissait à la création du *Groupe de l'Arbitrage,* groupe puissant réunissant au Parlement un nombre imposant des représentants de la nation pour donner au Gouvernement la latitude et l'impulsion nécessaires, tandis que se formait au Parlement Britannique un Groupe analogue et que ces deux Groupes concertaient ensemble leur action, échangeaint d'impressionnantes visites, une intervention inespérée se produisait de l'autre côté de l'Atlantique. Prenant les devants, dès 1902, le Président Roosevelt jeta dans la balance des hésitations européennes le poids de sa décision : il ne se contenta pas de reconnaître la Cour de La Haye, il voulut que les Etats-Unis fussent les premiers à l'inaugurer. Ce fût un véritable coup d'Etat pacifique. L'Italie dès 1898 et la Russie, avaient manifesté par des actes leur foi dans l'avenir de l'Arbitrage; de même que la Scandinavie, le Danemark, la Belgique, la Hollande, la Suisse, le Canada et l'Australie, toutes les Républiques Américaines.

Tout cela dira-t-on n'a pas empêché la guerre d'éclater entre la Russie et le Japon, sans parler des autres difficultés internationales.

Admirez, Messieurs, ce sophisme ! au lieu de reconnaître le mieux que nos deux pays ont contribué à réaliser, on nous demande compte du mal qu'ils n'ont pas pu empêcher.

Qui donc a rêvé que le progrès ferait disparaître comme par enchantement tous les dangers suspendus sur le monde? Ne serait-il pas plus raisonnable de se réjouir du terrain gagné ?

Supposez que l'Angleterre et la France soient restées en état de sourde hostilité, au moment de la guerre russo-japonaise. Cette guerre déjà assez lamentable, serait devenue générale, tandis que grâce à l'entente cordiale, elle a pu être localisée.

Comptera-t-on pour rien la Conférence d'Algésiras ? et n'est-il pas vraiment nouveau de voir un Congrès diplomatique s'ouvrir avant la guerre pour l'empêcher et non, comme d'habitude, après la guerre, pour en réparer les désastres ? Ici même, tout près d'ici, a-t-on déjà oublié l'affaire de Dogger Bank. Que serait-il advenu, le jour où l'escadre cuirassée russe a ouvert le feu sur les bateaux des pêcheurs de Hull dans la mer du Nord, en face de vos côtes, et si les conventions de La Haye, enfin en vigueur, n'avaient pas fourni immédiatement la ressource d'une solution honorable, satisfaisante de part et d'autre, au lieu des traditionnels coups de canons ? Et si l'opinion anglaise n'était pas restée sourde à l'appel des passions mauvaises, et si son Gouvernement n'avait pas été assez fort pour résister à la tentation de remporter une grande victoire presque assurée ?

Le rapprochement Franco-Anglais n'est pas la panacée que rêvent ou que font semblant de rêver les chauvins de tous les pays, la panacée qui devrait guérir en un jour tout le mal que des siècles d'injustice et d'égoïsme ont amoncelé, — mais il suffit qu'il soit un progrès, un commencement, un exemple, pour que nous nous en félicitions et pour que nous cherchions à en développer les résultats.

Ces résultats, vous l'avez vu, existent déjà dans le passé, bien que ce passé soit d'hier, mais maintenant il dépend de nous, il dépend de notre persistance à tous qu'ils soient plus grands et plus nombreux dans l'avenir.

Je ne parle pas des voyages, des visites, des réjouissances à organiser entre nos deux pays, je n'en dis pas de mal, au contraire, je dis seulement que nous n'avons pas besoin de nous en occuper; les fêtes s'organisent toutes seules et je ne désespère pas de voir d'ici peu les enfants des écoles anglaises accueillir à bras ouverts les élèves français et réciproquement. De même que chaque régiment russe adressait au régiment français qui portait le même numéro des télégrammes de confraternité militaire, de même chaque grande ville et chaque village du Royaume-Uni aura sa ville ou son village correspondant en France et réciproquement; on échangera des télégrammes de confraternité pacifique; c'est dans l'ordre. Je ne parle pas non plus du développement essentiel du commerce franco-anglais, je compte sur l'activité des principaux intéressés pour obtenir de part et d'autre les améliorations de toute sorte que comporte le régime économique des deux pays, l'éducation professionnelle, l'organisation des transports, etc., etc. Non, je parle de résultats politiques, ceux que nos adversaires nous accusent de négliger et qu'il est puéril de vouloir distinguer des résultats économiques.

Parmi les réclamations véhémentes que notre Groupe de l'Arbitrage adressait, en 1903, au Gouvernement Français, les trois plus urgentes étaient celles-ci : 1° Application des Conventions de La Haye ; 2° liquidation générale des difficultés franco-anglaises ; 3° limitation des armements.

Sur les deux premiers points, nous avons obtenu gain de cause ;quant au troisième, nous attendons encore.

A quoi bon, Messieurs, par une dérision vraiment trop choquante, multiplier nos protestations de bonne volonté, promettre au peuple des réformes à l'intérieur et la paix à l'extérieur, si nous n'en continuons pas moins à ajourner l'exécution de nos promesses et à augmenter ses charges et ses risques au lieu de les diminuer?

A quoi bon préconiser le réveil de l'activité nationale dans chaque pays et paralyser en même temps cette activité au point de provoquer nous-mêmes le désordre et les chances de conflit ? On prétend qu'il est impossible de faire autrement. Vos journaux, en grand nombre, comme les nôtres, les journaux allemands, les journaux italiens, font appel au patriotisme des contribuables pour soutenir cette course qui mène tous les pays ensemble à la ruine et ils nous démontrent que cette ruine sera le salut. Qui donc sera dupe d'un tel langage ? Qui ne verra que sous prétexte de consacrer la majeure partie de ses forces et de ses ressources à préparer la guerre, un pays les épuise en pure perte, au lieu de les accumuler pour le jour du danger.

Nous n'admettons pas que l'on mette en doute notre patriotisme quand nous refusons de nous associer à cette mystification internationale ; nous sommes prêts à donner nos biens, notre sang, celui de nos enfants pour la défense non seulement du territoire national, mais de la liberté, du droit. Est-ce une raison pour transformer chacun notre patrie en un vaste camp retranché ? Les chauvins nous disent qu'il faudra choisir entre un camp retranché et un cimetière ! Ces dilemmes sont enfantins ; le camp retranché finira par devenir le cimetière s'il absorbe indéfiniment une trop grande partie de l'énergie nationale.

Sur ce point encore il n'y a pas deux avis, parmi les peuples, tous sont d'accord, mais jusqu'à ces derniers temps personne ne voulait l'avouer. On s'emparait de l'Allemagne comme d'un épouvantail, une sorte de Minotaure s'apprêtant à dévorer les pauvres peuples qui commettraient l'imprudence de s'entendre non pas pour désarmer, bien entendu, mais pour réduire ou limiter ensemble leurs armements. De même qu'on imagine le cas où l'Allemagne et la France uniraient leurs flottes contre l'Angleterre. — Une fois dans cette voie, toute nation, pour être à l'abri des coalitions futures, devrait avoir une flotte assez forte pour tenir tête à celles du monde entier ; et comme les autres feraient de même, où irait-on ? à l'absurde ; nous y sommes déjà.

Que l'Angleterre, la France, les Etats-Unis, l'Italie, toutes les Puissances qui ont affirmé leur volonté de limiter leurs armements le déclarent ouvertement ; il est puéril de penser que l'Allemagne voudra prendre la responsabilité de faire seule échec à un tel accord, répondant aux aspirations de la terre entière, à l'intérêt de son commerce, de son expansion, je l'ai démontré mille fois ; c'est le sujet de tous mes discours depuis deux ans. De même que l'Allemagne a signé en 1904 avec l'Angleterre une convention d'arbitrage dont on disait qu'elle ne voulait à aucun prix, de même elle comprendra que la limitation des armements est tout aussi avantageuse, sinon plus avantageuse encore pour elle que pour les autres.

L'essentiel est que quelqu'un donne le signal. Là encore il faut rendre hommage au Président Roosevelt et au Gouvernement britannique : par des manifestations publiques, officielles, ils ont fait passer la question de la limitation des armements du domaine du rêve sur le terrain de la réalité, de la discussion diplomatique. La France, l'Italie, ne demandent qu'à suivre, comme les autres, l'heureux mouvement.

Cela fait, d'autres progrès naîtront de cette nouvelle victoire remportée sur l'ignorance, mais n'anticipons pas, attachons-nous d'abord à remporter cette belle victoire pacifique et sachons gré à l'Entente Cordiale qui l'aura rendue possible, à l'Entente Cordiale qui rapprochera peu à peu, non pas la France et l'Angleterre seulement, mais tous les peuples civilisés.

DEUXIÈME PARTIE

La Conférence de Londres

et la

Limitation des Armements

UNION INTERPARLEMENTAIRE

CONFÉRENCE

DE LONDRES

23, 24, 25 Juillet 1906

Au cours des diverses séances qu'il a tenues pendant les mois de juin et de juillet 1906, le Groupe parlementaire français de l'Arbitrage décida qu'il serait représenté à la conférence de Londres ; un grand nombre de ses membres s'inscrivirent pour le voyage et de très intéressantes discussions, auxquelles prirent part, notamment, MM. Messimy et de Pressensé, déterminèrent l'attitude du Groupe en faveur de la limitation des armements, inscrite au programme de la conférence.

Le départ eut lieu de Paris dans les conditions les plus favorables, (*) grâce aux préparations minutieuses des membres Anglais de l'Union interparlementaire, et notamment

(*) Voici la liste des Membres inscrits pour ce voyage :

MM. [1]

[1] S. : *Sénateurs.* — D. : *Députés.*

ARMEZ D, ASTIER D, BALANDREAU D, BEAUPIN S, BEAUQUIER D, Paul BERTRAND (Marne) D, BESNARD D, F. BONNEFILLE S, Antide BOYER D, BUYAT D, CAILLAUX D, CARNAUD D, CHAIGNE D, DE CHAMAILLARD S, Dr CHAPUIS D, CHASTENET D, CHÉRON D, CIBIEL D, J. CHAUMIÉ D, CLAMENT D, COCHERY D, COLIN D, COMBROUGE D, CORNET D, H. COSNIER D, COUYBA D, H. DAVID S, DAUTHY D, DEBUSSY D, DEJEANTE D, DELAUNAY D, DELBET D, DELHON S, François DELONCLE D, DERVELOY D, EMPEREUR D, D'ESTOURNELLES DE CONSTANT S, FÉRON D, Fernand BRUN D, FLAISSIÈRES S, FLANDIN (Yonne) D, FORGEMOL DE BOSTGUENARD (S), V. FORT (D), GAFFIER D, GENTIL D, GÉRALD D, GOIRAND S, GOTTERON S, DE GRANDMAISON D, GRILLON D, GUILLEMET D, GUILLIER S, HAUET D, ISOARD D, JANET D, JOYEUX-LAFFUI D, DE KUERGUÉZEC D, DE LA BATUT D, LABICHE S, LACHAUD D, LARQUIER D, LENOIE D, LE ROUX S, Honoré LEYGUES D, LHOPITEAU D, MAROT, ancien député, MASCURAUD S, MAZIÈRE S, MESSIMY D, Paul MEUNIER D, MILLIÈS-LACROIX S, MOLLARD S, Victor MREL D, NOEL S, PETITJEAN S, PEUREUX D, PICHERY D, PIETTRE S, P. POISSON D, PONSOT D, Félix POULLAN D, POURTEYRON D, Dr POZZI, RAMBOURG S, RAZUMBAUD D, RÉVEILLAUD D, RIGAL D, G. RIVET S, ROCH D, ROUBY D, ROUSÉ D, SARRAZIN D, SANDRIQUE D, SAUMANDE D, SIMYAN D, TILLAYE S, Oct. VIGNE D, VILLAULT-DUCHESNOY, D, VAZEILLE D, J. RAIS, secrétaire-général, PIOGEY, secrétaire-adjoint.

grâce aux attentions de leur dévoué président Lord Weardale et de leur infatigable secrétaire général Randal Cremer ; grâce aussi aux facilités si largement offertes de part et d'autres par les Compagnies de chemins de fer et de navigation des deux pays. Les dispositions prisent furent les mêmes qu'au mois de juilet 1903, avec cette différence qu'en 1903 tout était nouveau, difficile, souvent contrarié, tandis qu'en 1906 tout fut facile et déjà familier.

La conférence s'ouvrit dans le solennel Palais de Westminster, le lundi matin 23 juillet, à 10 heures et demie.

Le premier ministre, sir Henry Campbell Bannerman, souhaita en français la bienvenue aux membres du Congrès par un discours qui fit sensation et dont on trouvera plus loin le texte, ainsi que le texte de l'excellent discours, également en français, de Lord Weardale, président.

(Pense-t-on, entre parenthèses, que le Français n'aurait pas vite disparu des habitudes internationales, si les français se tenaient à l'écart de ces manifestations, au lieu d'y prendre largement leur part ?)

Une ovation enthousiaste fut faite aux délégués de la Douma et à leur président Kowalewski, lesquels s'étaient décidés, comme on l'a vu dans la première partie du bulletin, à constituer un groupe de l'arbitrage et à faire le voyage de Londres. La déclaration de M. Kowalewski fut également faite en français.

Nous passerons sur les réceptions somptueuses cordialement organisées en l'honneur des Membres des Parlements de tous les pays ; réception à Buckingham palace par le Roi, réception par l'ambassadeur de France, par le Lord-Maire, par des Membres du Parlement Anglais ; organisation d'une visite au palais de Windsor, d'une fête au Crystal Palace ; d'une visite à l'ile de Wight, etc., les journaux ayant largement rendu compte de cette partie extérieure du Congrès. Nous rappellerons brièvement les discussions auxquelles prirent une part brillante les délégués des Etats-Unis, de l'Autriche, de la Hongrie, de la Belgique, de l'Italie, etc., touchant l'organisation de l'arbitrage, le budget de la paix, le respect de la propriété privée sur mer, etc., l'Union interparlementaire publiant un compte rendu complet de ces débats. Nous nous bornons à la discussion qui a absorbé la majeure partie de la seconde et de la dernière journée du Congrès, relativement à la limitation des armements.

Sur ce point, unanimité absolue, impressionnante. L'adhésion même de la délégation allemande avait été donnée expressément par son président, le Dr Eickhoff, mais le texte de cette adhésion (tel qu'il nous est parvenu depuis lors), a perdu son caractère chaleureux et catégorique ; il ne se réfère même pour ainsi dire plus à la question... De ce considérable abaissement de température nous devons conclure, — pour être impartial, — que les délégués Allemands, à leur retour à Berlin, n'ont pas été encouragés à persister dans l'attitude qu'ils avaient si nettement prise, avec tous leurs collègues étrangers à Londres, en faveur de la limitation des armements.

Nous publions intégralement le discours d'ouverture du Président, le discours désormais historique du premier Ministre, le rapport de M. d'Estournelles de Constant, discuté et approuvé à l'unanimité par la Conférence, ainsi que les discours de M. Beernaert, de M. Messimy et du Colonel Marius Campans, délégué italien ; les déclarations de ces deux derniers officiers, devenus représentants de leur pays, tous deux également considérés et autorisés ont fait sur l'Assemblée une forte impression.

*
* *

Un Budget de la Paix

Nous devons insister toutefois sur l'une des dernières résolutions votées par la conférence, sur la proposition des délégués américains (MM. Bryan, Bartholdt, Burton), Belge, (Beernaert), Hongrois, (Apponyi), et Français en faveur d'un budget de la paix.

Grâce à la munificence du gouvernement Britannique, la Conférence a pu se tenir à Londres, sans posséder aucune des ressources nécessaires. Nous nous sommes renseignés exactement sur ce point essentiel. Les moindres ligues navales ou métallurgiques, industrielles et commerciales, disposent de fonds considérables ; les Parlements votent aux Gouvernements des crédits plus ou moins élevés pour organiser des réceptions diplomatiques, souveraines ou même ministérielles, mais en revanche ils ne votent pas un centime pour faciliter l'organisation de ces manifestations de sympathies internationales qui sont pourtant l'acheminement le plus sûr aux accords internationaux, et qui sont d'un si grand intérêt pour le commerce et pour l'industrie.

Quand, en 1903, le groupe de l'arbitrage a échangé avec le Parlement Anglais ces visites dont les Gouvernements et dont la diplomatie ont si heureusement tiré profit, il n'a pas reçu un centime d'assistance du Gouvernement, pas même l'aumône d'une réception au ministère des affaires étrangères.... Tous les frais de ces réceptions ont été couverts par les contributions personnelles des Membres du Groupe de l'Arbitrage, lesquels ne sont pourtant pas millionnaires. Il y a eu là un véritable élan de bonne volonté auprès duquel l'abstention systématique du Gouvernement n'était que plus significative et même décourageante, si nous avions pu être découragés.

Cet état d'esprit n'existe plus, mais le moment est venu où chaque Parlement devrait pouvoir disposer des fonds nécessaires à l'échange de visites internationales. La somme ne sera pas élevée mais, si misérable qu'elle soit, elle doit être votée, inscrite en principe ; les dépenses minimes de la paix doivent trouver place à côté des dépenses énormes de la guerre.

A la conférence de Londres, sir Henry Campbell Bannerman a prodigué l'appui moral et matériel du Gouvernement.

Il a solennellement et au nom du Roi ouvert les travaux de la conférence ; il a en outre attribué 125.000 francs de subvention à ses organisateurs, offrant même le double de cette somme.

Ce précédent est à retenir ; mais la question

ne se poserait même plus de savoir comment subvenir aux frais des manifestations internationales, s'il existait dans le budget de chaque pays un modeste chapitre ouvert à cet effet. C'est dans ce sens que la conférence a voté à l'unanimité une résolution qui se recommande à tous les Parlements du monde.

*
* *

Les Banquets

La conférence s'est terminée par des votes de remerciements au Roi, au gouvernement Britannique, à Lord Weardale, président de l'Union Interparlementaire et naturellement par un banquet...

On se moque de ces banquets. Il n'en est pas moins vrai que de tous temps et dans tous les pays les hommes se sont réunis et se réuniront dans des banquets, symboles d'apaisement, de réconciliation, de joie tranquille. On ne changera pas cela ; et ceux qui se moquent des banquets sont les mêmes que ceux qui se moquent de toute réunion populaire.

Le banquet de clôture s'est tenu dans la grande salle historique de Westminster Hall. Plus de mille invités et invitées y avaient pris place. Signe particulier : les Ambassadeurs, cette fois, assistaient au banquet, et leur présence fut considérée par tous comme la consécration d'un fait accompli, accepté, entré dans les mœurs.

Quatre toasts furent prononcés à ce banquet: l'un par le Lord Chief Justice du Royaume-Uni, les trois autres par M. Bryan (Etats-Unis), par le Comte Apponyi (Hongrie) et par M. d'Estournelles de Constant (France). Ce dernier rappela la réception de 1903 dans ce même palais de Westminster, l'accueil fraternel fait à ses collègues du Parlement français par les chefs des deux partis anglais, Arthur Balfour, alors premier ministre, Sir Henry Campbell Bannerman, alors chef de l'opposition... Il constata le progrès accompli, l'arbitrage réclamé alors comme une innovation et aujourd'hui entré dans les mœurs ; les difficultés séculaires aujourd'hui réglées entre la France et la Grande Bretagne. Il conclut en disant qu'un seul point restait à résoudre, LA LIMITATION DES ARMEMENTS, et c'est sur ce dernier mot et par ce dernier vœu que l'Assemblée se sépara.

Voici maintenant le texte des discours ci-dessus mentionnés.

Discours de Lord WEARDALE

(Philip STANHOPE)

Président

Messieurs,

En me chargeant de la haute responsabilité de la présidence de cette assemblée que vous venez de me faire l'honneur de me confier, je ne puis qu'être profondément impressionné par les changements survenus depuis le jour où, il y a seize ans, je fus appelé à présider la seconde conférence à Londres.

En 1889, je faisais partie de ce petit groupe qui assistait à notre première réunion à l'hôtel Continental, à Paris, convoqué par nos amis, les éminents vétérans de notre cause, MM. Randal Cremer et Frédéric Passy, tous les deux encore des apôtres courageux et actifs, et l'un d'eux, le vrai fondateur de l'Union, heureusement parmi nous aujourd'hui.

Quel progrès prodigieux nous avons fait depuis lors ! Nous avons vu grandir notre Union à chaque conférence successive, à Rome, à Bruxelles, à Paris, à Bruxelles, à La Haye, et à cette notable réunion de Buda-Pesth, quand nous avons formulé notre demande pour la création d'un tribunal international d'où est sortie la première conférence diplomatique de La Haye. Nés dans des circonstances si modestes, que voyons-nous aujourd'hui ? L'Union a pris racine dans tous les pays et dans la plupart des Parlements. A Bruxelles, l'année dernière, nous comptions les représentants de 17 Parlements. Nous avons le plaisir de recevoir ici, ce matin, 580 membres faisant partie de 23 Parlements, et parmi nos nouveaux adhérents, nous saluons avec un respect et une sympathie toute particulière, la délégation du plus jeune Parlement du monde : la Douma Russe. Et en dehors des collègues qui assistent en personne à cette Assemblée, nous pouvons affirmer avec confiance que nous ne comptons pas moins de 2.500 membres de l'Union faisant partie des Parlements de leurs pays, et représentant combien de millions de leurs concitoyens !

Nous avons conquis notre place au soleil. L'œuvre de paix triomphe. Elle ne provoque plus la dérision publique ; au contraire, elle impose ses principes à la conscience humaine. Notre voix se fait entendre ; notre influence purement morale se fait sentir même dans les plus hautes sphères. Des hommes illustres s'associent à nos efforts. Notre dernière conférence à Paris fut présidée par M. Fallières, aujourd'hui Président de la République Française. Aux Etats-Unis, nous avons été reçus par le Président Roosevelt qui nous a adressé un discours mémorable et historique. Sa Majesté le roi d'Angleterre a mainte fois démontré son amour inébranlable de la paix ; et c'est avec un plaisir très profond que je vais demander au vaillant et toujours fidèle champion de notre cause — le premier ministre de la Grande-Bretagne, sir Henry Campbell Bannerman — de nous faire l'honneur de souhaiter la bienvenue de mon pays à la quatorzième conférence.

DISCOURS

DE

Sir Henry Campbell Bannerman

Premier Ministre

Messieurs les Membres de l'Union
Interparlementaire,

C'est comme Chef du Gouvernement de Sa Majesté le Roi que j'ai le grand honneur de vous souhaiter la bienvenue.

Je suis très fier à la fois et très heureux, je vous l'avoue, de pouvoir vous accueillir et de vous tendre la main au nom du Gouvernement et de la nation Britannique.

C'est aussi au nom de cette Assemblée qu'on a appelée la « Mère des Parlements », que je vous reçois, et c'est sur son seuil vénérable que je vous vois rassemblés, Messieurs, vous qui représentez une vingtaine de Parlements.

J'ai l'honneur de vous annoncer que Sa Majesté le Roi m'a autorisé à vous offrir l'hospitalité en son nom et à vous assurer de tout l'intérêt qu'il porte à cette réunion désormais historique ; et permettez-moi, Messieurs, de rappeler ici quel incomparable ouvrier de la première heure Sa Majesté a été en faveur de la paix.

Le plus grand nombre parmi vous, Messieurs, ne sont pas venus en tant que Représentants accrédités de vos Parlements respectifs. Non, votre réunion n'a rien d'officiel, nous le savons Mais si j'ai bien compris l'esprit de notre époque, vous représentez, vraiment et admirablement, tous vos compatriotes, hommes et femmes ; et c'est à ce titre que vous avez le droit d'exprimer, avec une autorité que ne possède aucune autre Assemblée au monde, les sentiments généreux et le pur idéal d'une très grande partie, et non la partie la moins influente, de la race humaine.

En m'adressant à vous, Messieurs, je ne m'adresse pas tant aux Représentants des divers Etats de l'Europe et de l'Amérique qu'aux amis de l'humanité que vous êtes, aux éloquents défenseurs des principes communs à nous tous, et sans lesquels notre vie se traînerait, pour ainsi dire, sans perspective, sans horizon.

Je tiens à vous dire, Messieurs, que le Gouvernement de Sa Majesté, connaissant l'objet de votre mission, s'y associe de tout cœur et sans réserve. Personne plus que nous ne désire que vos délibérations contribuent à amener une entente de plus en plus intime entre toutes les nations du monde. Votre tâche vient à peine de commencer, et déjà vous avez réussi à ce que ce désir général d'une paix universelle prenne forme et devienne bientôt — espérons-le — une réalité,

Le temps, pourtant, n'est pas si loin qu'une réunion comme celle d'aujourd'hui n'eût fait qu'exciter les railleries des personnes qui se prétendent pratiques. Vous eussiez passé pour des rêveurs dans votre ardeur à vouloir remplacer les luttes barbares et stupides de la guerre par des Conférences soucieuses de respecter le bon droit et l'équité.

Oublions, Messieurs, ces âges sombres, et soyons charitables envers nos semblables, victimes de leur époque. Nous sommes tous, tels que nous sommes, les esclaves de nos façons de penser et d'agir. Or, Messieurs, en habituant le monde à l'idée de voir des arbitrages pacifiques régler des différends que la diplomatie ne peut régler, vous faites tomber les écailles des yeux du genre humain.

Qu'on me permette de rappeler ici les paroles qui vous ont été adressées en 1900 par l'homme d'Etat éminent qui est aujourd'hui le Président de la République française :

« Grâce à vous, nous sommes déjà loin de l'époque où la conception de l'arbitrage était considérée comme un jeu de l'esprit ou une hardiesse condamnée par ce que l'on a coutume d'appeler, partout où se dresse une opposition injustifiée, la « sagesse des nations ». Aujourd'hui, il faut faire la part de l'évidence. Des tentatives qui ont abouti sont là pour démontrer qu'il en est des peuples comme des hommes, et que pour les premiers comme pour les seconds, il n'y a pas de résistance qui ne disparaisse, à la longue, devant la toute-puissance d'une idée, quand cette idée puise sa force à la source sainte de la fraternité ! »

Vous devez vous sentir fiers et encouragés à la fois, Messieurs, en pensant que depuis que ces paroles éloquentes vous ont été adressées, cette belle idée d'une paix universelle s'est acheminée à grands pas vers sa réalisation. En ce moment, à ma connaissance, les Puissances ont conclu entre elles pas moins de trente-huit Conventions d'Arbitrage. Et c'est depuis le mois d'octobre 1903 seulement qu'on en est venu à ces arrangements pacifiques.

Grâce à Lord Lansdowne, la Grande-Bretagne a signé avec dix autres Etats des Conventions en vertu desquelles on portera devant la Cour Permanente d'Arbitrage siégeant à La Haye toutes les questions légales qui s'éleveraient entre deux Puissances Contractantes et toutes les questions qui auraient trait à l'interprétation des Traités et que la diplomatie n'aurait pu régler. Il est vrai que l'importance de ces Traités est limitée par la clause qui empêche de soumettre à l'arbitrage tout sujet touchant aux intérêts vitaux, à l'indépendance ou à l'honneur de deux Puissances Contractantes. Nous pouvons prétendre, néanmoins que conclure de tels accords n'est pas sans acquérir quelque avantage et — qu'on me permette d'ajouter — sans se couvrir de quelque gloire.

J'espère, de tout cœur, Messieurs, que bientôt le principe de l'arbitrage saura pénétrer assez profondément dans l'esprit des gens pour justifier son application dans un champ encore plus étendu. Nous avons déjà vu comment des questions qui avaient excité au début les passions populaires avaient abouti à une solution pacifique, non pas nécessairement grâce à l'arbitrage, si l'on prend ce mot dans son sens le plus strict, mais parce qu'elles avaient été soumises à un Tribunal tel que celui que nous avons vu fonctionner dans l'incident de la Mer dn Nord ; et je viens vous demander ici, Messieurs, s'il ne serait pas fort utile d'examiner attentivement — avant que le prochain Congrès se réunisse à la Haye — les formes variées sous lesquelles on soumettrait à ce Tribunal tous les différends ; car il convient d'ouvrir une porte aussi grande que possible à tous les moyens qui, d'une façon ou d'une autre peuvent contribuer à apaiser ou à accommoder ces différends.

Mais, Messieurs, toute médaille, dit-on, à son revers. Et nous devons admettre que, malgré tous les efforts et des Gouvernements et des peuples, le monde continue de présenter l'aspect d'un vaste camp retranché. S'il nous faut constater quelque changement, disons qu'il va de mal en pis. A en juger par les budgets des Grandes Puissances navales et militaires, on se croirait dans un monde dont le seul moyen de régler les querelles serait d'avoir recours à la force brutale, et où les mots « arbitrage » et « conciliation » seraient inconnus. Le langage qu'a tenu Sa Majesté l'Empereur de Russie en convoquant le premier Congrès de La Haye peut s'appliquer toujours à la situation actuelle :

« Les charges financières qui résultent d'un tel état de choses portent atteinte à la prospérité publique dans sa source même. La force intellectuelle et physique des nations, le Travail et le Capital, sont détournés de leurs applications naturelles et se consument sans profit pour personne. Des centaines de millions sont consacrés à acheter des engins terribles de destruction que l'on considère *aujourd'hui* comme le dernier mot de la science, et qui *demain* sont destinés à perdre toute valeur par suite d'une découverte nouvelle dans le même champ. »

Tel est, Messieurs, l'état des choses aujourd'hui D'un côté nous voyons l'Europe qui pense se déclarer de plus en plus en faveur de la paix ; et de l'autre côté nous voyons ces préparatifs de guerre qui, par leur étendue et par leur puissance réelle, sembleraient annoncer que seul le désir de verser le sang anime encore une partie de la société moderne. Comment peut on s'empêcher, Messieurs, d'être plus que découragés, d'être consternés devant un tel paradoxe qui confond notre raison et abaisse notre dignité d'hommes civilisés ?

Lorsque nous nous demandons — comme nous

devons le faire tôt ou tard — si, vraiment, le but de ces préparatifs est atteint, quelle réponse pouvons-nous faire ? Nous nous trouvons sur-le-champ en face d'un autre paradoxe.

J'ai été vivement frappé, il y a quelques jours par une parole qu'a prononcée Lord Lansdowne, en discutant cette question de l'accroissement des armements.

« Le moment peut venir, a-t il dit, où le peuple Anglais préférera manger son pain quoditien dans la crainte plutôt que de mourir de faim en pleine sécurité. »

Mais, Messieurs, quelqu'un d'entre nous peut-il oser dire que de tels sacrifices en argent et en hommes, que cette atteinte à notre idéal et à notre dignité civique ont été compensés par le sentiment intime de notre sécurité ? N'est-il pas évident que ces armements simultanés et progressifs à la fois manquent leur but ? La violence appelle la violence, les paniques engendrent les paniques. N'est-ce pas que nous nous élançons à la poursuite d'un *fantôme de sécurité* qui s'évanouit sans cesse à notre approche ?

Si nous pensons avec M. Hay, l'homme d'Etat Américain dont nous n'avons pas encore cessé de déplorer la perte, que « la guerre est la plus vaine et la plus féroce des folies humaines », que devons-nous penser de la futilité d'un raisonnement qui nous fait épuiser la vigueur et les ressources d'une nation en des préparatifs de guerre qui ne semblent ni devoir prendre fin ni aboutir à des alliances qu'une sage diplomatie pourrait conclure et qui consument ces réserves sur lesquelles un Etat doit compter à l'heure du danger, — si vraiment cette heure doit sonner, — c'est-à-dire le bien-être, l'énergie, la vitalité de ses citoyens ?

Ne vous imaginez pas, Messieurs, que je désire

vous décourager en mettant en contraste les faits brutaux de la réalité avec les aspirations que je partage avec vous Loin de moi une telle pensée ! J'ai pleine confiance en l'avenir.

Et d'abord, il n'y a pas si longtemps que la paix errait sur la face de la terre, proscrite et à chaque instant exposée à tous les outrages ; et si les guerres et les apprêts guerriers n'ont pas cessé depuis qu'elle a pu trouver un lieu de repos à La Haye, c'est qu'il faut du temps pour faire naître la confiance des gens en un nouvel ordre de choses, c'est qu'il faut tenir compte de toutes les iufluences du passé qui pressent de tout leur poids sur le présent et retardent sa marche.

Rappelons-nous aussi que le peuple est de notre côté. On dit, je ne l'ignore pas, que la démocratie est aussi belliqueuse que toute autre forme du Gouvernement. Mais la démocratie, telle que nous la connaissons, est un fruit tardif du progrès humain ; à peine a t-elle eu le temps d'avoir le sentiment de la vraie puissance qui la caractérise et encore moins d'exercer cette puissance d'une façon efficace dans ses relations extérieures.

Des liens faits d'amitié et d'estime mutuelles unissent de plus en plus les peuples entre eux ; et l'heure approche où rien ne pourra leur dissimuler ce fait qu'ils sont les victimes de la guerre et du militarisme, que la guerre, avec ses apprêts, dissipe les fruits de leur travail, arrête le progrès dans sa marche, et convertit en une force meurtrière cette belle énergie créatrice qui fait la gloire de l'humanité.

Et à ce sujet, je ne puis m'empêcher de dire — parlant en mon nom et au nom, j'en suis sûr, de tous les membres de cette grande Assemblée historique — quel plaisir j'éprouve aujourd'hui à accueillir les Représentants du plus jeune des

Parlements, de la Douma de l'Empire Russe. Nous saluons, Messieurs, leur présence parmi nous ; car c'est d'un bon augure, j'ose le croire, et pour votre mouvement et pour l'avenir de l'Europe, que le premier acte officiel du Parlement Russe dans ses rapports avec l'étranger ait été d'autoriser des délégués à venir ici, à Westminster, et à se joindre à nous pour affirmer ces grands principes de paix et d'entente auxquels le Chef de l'Empire Russe a fait faire de si grands pas en convoquant la première Conférence de La Haye et en la prenant sous sa protection.

Je ne fais pas de commentaire sur les nouvelles qui ont éclaté ce matin : ce n'en est ni le lieu ni le moment. Nous n'avons pas une assez grande connaissance des faits pour pouvoir blâmer ou louer.

Mais ceci du moins nous pouvons le dire, nous qui fondons notre confiance et nos espoirs sur le régime Parlementaire :

Les nouvelles institutions ont souvent une jeunesse accidentée, sinon orageuse. La Douma revivra d'une façon ou d'une autre.

Nous pouvons dire avec toute sincérité : « La Douma est morte, vive la Douma ! »

Je vois arriver le moment que nous attendons tous avec tant d'intérêt, d'espoir et d'anxiété, où les Délégués de vos différentes nations se trouveront une fois de plus à La Haye pour recommencer leurs travaux en faveur de la paix !

Qu'il me soit permis de terminer comme j'ai commencé, en souhaitant le plus grand succès possible à vos délibérations. Puissent-elles préparer les voies à un acte généreux dont les conséquences seront incalculables pour le bien de l'humanité !

Une fois de retour dans vos patries, Messieurs, veuillez dire à vos Gouvernements respectifs ce que les Membres du Parlement Britannique que je vois devant moi ne se lassent jamais de me dire à moi : Que les exemples valent mieux que les préceptes, que les actes parlent plus fortement que les paroles. Insistez, au nom de l'humanité, pour que vous vous rendiez à cette Conférence de La Haye, comme nous-mêmes espérons y aller, dans le dessein de diminuer les charges des budgets de la guerre et de la marine. Priez vos Gouvernements Messieurs, de se rendre à cette Conférence avec une confiance pleine et entière dans les bons sentiments des nations les unes envers les autres, dans ces sentiments qui vous animent, Messieurs, vous qui représentez les Parlements d'Occident ; et lorsque vous vous rassemblerez dans un an d'ici, que votre récompense soit de voir, comme résultat de vos travaux, briller le flambeau de la paix d'une flamme encore plus pure et plus rayonnante !

LA LIMITATION DES ARMEMENTS

Rapport de M. D'ESTOURNELLES DE CONSTANT

Messieurs,

Nous sommes réunis ici, en grand nombre, membres de la plupart des Parlements du Monde, appelés, malgré la diversité de nos institutions, de nos langages et de nos mœurs, par une communauté supérieure d'aspirations. Nous représentons à nous tous des millions d'êtres humains, éclairés par une même conscience, animés d'un même intérêt. Nous devons donc chercher ensemble, dans l'esprit de patriotisme et d'indépendance qui nous a poussés les uns vers les autres, un remède aux difficultés qui nous sont communes. Il dépend de nous que cette mission volontaire soit féconde et que nous ne nous séparions pas sans résultat.

La question de la limitation des armements est, incontestablement, à l'heure actuelle, l'une des plus pressantes, de toutes celles qui s'imposent aux délibérations des Parlements et des Gouvernements; elle est posée par la force des choses; aussi longtemps qu'elle ne sera pas résolue, on pourra dire qu'elle barre la route à toutes les réformes et qu'elle arrête la civilisation dans sa marche. L'Union Interparlementaire a donc été bien inspirée en inscrivant cette question à son ordre du jour; elle a répondu à l'impatience universelle; elle sera soutenue par l'accord unanime des peuples si elle trouve un moyen de réaliser ce que tous attendent, si elle peut contribuer à faire cesser, par le seul effort de la raison, ce qui ne peut plus durer,

Votre rapporteur s'honore d'avoir été chargé d'exposer devant vous les données du problème, et il soumet avec empressement à l'attention de ses collègues de tous les pays les arguments et les faits dont il a déjà saisi à plusieurs reprises le Parlement Français.

Il existe toutefois une grande différence entre les pouvoirs d'un Parlement national (où chaque membre, responsable de ses votes, est investi par la Constitution d'une autorité qui détermine la mesure de son action) et la faiblesse d'une assemblée comme la nôtre, qui, ne relevant que d'elle-même, risque d'exercer sans effet sa bonne volonté, sans contrôle comme sans mandat. Cherchons donc, avant tout, Messieurs, un moyen de donner à notre existence une légalité, ou tout au moins, à nos travaux une sanction. Là est notre premier devoir. Le moyen le plus simple serait peut-être que chacun de nous tînt du Parlement dont il fait partie une délégation dont il aurait à rendre compte à son retour; ce qui est certain c'est que la discussion internationale ouverte par nous aujourd'hui sera d'autant plus féconde qu'elle aura sa répercussion nationale mieux assurée dans chacune de nos patries.

La conquête de l'opinion nationale. Le Patriotisme

A défaut d'une organisation impossible à improviser, appuyons-nous du moins sur la force qui s'offre à nous, l'opinion ; soyons ses interprètes ; elle nous soutiendra : elle est prête ; elle a fait ses preuves ; les progrès réalisés par le concours de l'opinion dans le domaine de l'arbitrage depuis quelques années, nous révèlent ce que nous pouvons obtenir dans le domaine infiniment plus concret et plus simple de la limitation des armements.

En 1899, l'idée de justice Internationale prend corps sous la forme d'un tribunal permanent d'arbitrage. Méconnue d'abord, boycottée même à ses débuts, la Cour de la Haye est sauvée par l'initiative du pays de l'opinion par excellence, les Etats-Unis d'Amérique; elle triomphe en 1902, grâce au Président Roosevelt. Deux ans plus tard, le recours normal à la juridiction nouvelle entrait dans les mœurs, il arrêtait en pleine mer le conflit imminent des flottes de la Grande Bretagne et de la Russie. De ce jour, le sophisme des conflagrations inévitables reçut une atteinte assez forte pour contre-balancer dans l'opinion l'effet de la guerre Russo-Japonaise; l'application des Conventions de la Haye apparut sinon certes comme une panacée, tout au moins comme une grande ressource ; les Gouvernements cessèrent d'y voir un palliatif ou un simulacre réservé aux seuls différends sans importance. N'est-il pas permis également de trouver dans la Conférence d'Algésiras la conciliation préventive d'une de ces inextricables difficultés que la guerre seule tranchait d'ordinaire pour les livrer ensuite, — après quels sacrifices et quelles hécatombes! — aux réparations de la Diplomatie? Ne tiendra-t-on pas compte enfin de tant d'initiatives privées et même officielles surgissant de toutes parts en faveur de la propagande pacifique, en faveur d'une seconde conférence de la Haye, en faveur d'une représentation permanente des Nations, en faveur de la création déjà tardive d'une administration générale internationale?

Et comment s'étonner de cette floraison de symptômes et de résultats heureux? Comment les peuples tarderaient-ils à organiser entre eux l'ordre et la justice, alors que spontanément ils découvrent chaque jour entre leurs activités rapprochées tant de solidarités naturelles? Plus la science, plus l'éducation éveille en eux la notion de leurs intérêts respectifs, plus ils cherchent à les concilier et répugent aux aventures. Ainsi l'opinion nous dicte la nécessité d'une organisation nouvelle; elle nous pousse à ce progrès que notre paresse intellectuelle considérait comme un paradoxe, et qui est pourtant bien réel : la solidarité des patriotismes, solidarité qui aboutit nécessairement à la coopération, à l'association des patries.

Il est vrai que cette coopération n'est pas facile à réaliser dans la vieille Europe; mais nous y marchons, malgré tout; nous en avons fait déjà plusieurs fois l'essai, dans des cas de force majeure, en Orient, en Extrême-Orient; et cet essai se régularise tous les jours, il s'impose pour assurer les communications de peuple à peuple, pour résoudre mille problèmes soulevés par les découvertes de la science, par le développement du commerce et de l'industrie, par les exigences de la représentation parlementaire, par la nécessité de niveler, sans trop d'inégalité dans tous les pays civilisés, les conditions morales et matérielles de l'existence humaine. Et pourquoi le vieux monde ne profiterait-il pas des exemples du nouveau ? La Conférence de Rio-de Janeiro qui se réunit officiellement de l'autre côté de l'Océan, en même temps que la nôtre siège à Londres, nous offre un modèle de l'organisation qui manque à l'Europe. Chacun des Etats des trois Amériques a ses difficultés, certes, intérieures et extérieures ; aucun d'eux n'a ménagé les sacrifices pour conquérir son indépendance ; tous ont compris cependant que le plus sûr moyen de conserver cette indépendance était non pas la défiance et l'excès des armements mais l'accord ; aucun d'eux ne songe a abdiquer une parcelle de son individualité ; plusieurs d'entre eux ont résolu le problème de la réduction concertée des armements ; tous s'entendent pour étudier en commun les questions d'un intérêt commun.

J'admets que la génération des Européens élevés dans les traditions d'antagonisme antérieures aux applications de vapeur et de l'électricité ait quelque peine à élargir sa conception des relations internationales et soit gênée par des scrupules respectables bien qu'injustifiées ; mais les générations nouvelles, ne connaissant plus les distances, se libéreront des préjugés qui séparent les peuples. Elles attendent de nous une direction ; n'hésitons pas à la leur donner. Entendons nous pour nous mettre à l'œuvre dès notre retour dans nos divers pays. Ne nous faisons pas d'illusions ; nous pouvons ici tous ensemble affirmer nos convictions, mais ce n'est pas ici qu'il faut agir. Il faut encore et surtout que nous remplissions notre devoir chacun chez nous, où il faut persuader, convertir, combattre, — notre devoir national et individuel en un mot. Tout est là. Si bienfaisantes que soient nos manifestations internationales, elles ne sont qu'un écho ou un signal : notre Union Interparlementaire ne sera vraiment efficace qu'en proportion des diverses actions nationales dont elle sera le couronnement. L'action internationale est le but ; l'action nationale est le moyen. L'organisation internationale, vaudra, en un mot, ce que vaudront nos organisations nationales respectives.

Là est la vérité, et vous en voyez la preuve éclatante dans le concours que prêtent à nos idées les peuples les plus libéraux, grands et petits ; leurs services sont en proportion du libéralisme de leurs institutions, et nos progrès sont en proportion de leur concours.

A l'appui de cet argument capital, j'apporterai l'exemple de la France transformée depuis trente-six ans; mais cette transformation elle-même ne s'est définitivement prononcée que sous l'impulsion d'une propagande méthodique et incessante, à partir du jour où un certain nombre de Français ont compris qu'on ne pouvait songer à améliorer les relations internationales et à résoudre les problèmes internationaux sans commencer par modifier l'esprit national savamment faussé, obscurci; il a fallu l'école nouvelle, il a fallu l'éveil d'une conscience nouvelle, il a fallu entreprendre en un mot la lutte contre l'erreur nationale, base des conflits internationaux.

Ceux de mes amis et moi qui sommes ici nous n'avons pris qu'une part trop faible à notre gré dans cette lutte et nous nous garderons d'oublier ceux qui nous ont précédés, ceux qui nous ont donné l'exemple, ceux surtout qui sont morts à la peine, succombant sous les avanies et sous les attaques, mais succombant victorieux ; chacun a fait ce qu'il a pu, mais chacun de nous a conscience que rien de ce que nous avons obtenu dans l'ordre international ne serait acquis sans une coopération passionnée à l'œuvre d'éducation nationale. Aussi ne regrettons-nous rien de nos luttes, rien des outrages qui nous sont chaque jour prodigués ; nous considérons même que nos combats continuels sont nécessaires pour éveiller les sympathies de l'opinion. En réalité, les principales difficultés de notre campagne n'ont pas été et ne sont pas les obstacles de nos adversaires ; tout compte fait, nos adversaires nous servent par l'injustice trop évidente et la violence de leurs accusations ; non, les vraies difficultés furent les scrupules de nos amis.

Nulle part, je crois, la campagne pour l'Arbitrage et pour la Limitation des Armements n'a été plus ardemment combattue qu'en France, nulle part non plus elle ne devait se heurter à des scrupules plus respectables et plus dignes de réflexion. Ces scrupules, je dois en parler, car ils sont humains, comme ils sont nationaux ; et soyez sûrs, du reste, que, si nous avons pu y répondre en France, à la satisfaction de notre conscience, vous en aurez raison aisément partout ailleurs et la limitation ne tardera pas à avoir pour elle l'unanimité des Gouvernements parce qu'elle aura pour elle l'unanimité des peuples.

Beaucoup de mes amis, suivant avec inquiétude ma campagne, n'en reconnaissent pas le caractère patriotique; ils y voient au contraire, une faute, un danger. Je ne parle pas, bien entendu, des exagérations ou des sottises que l'on nous prête ; nous ne répondons plus à ceux qui confondent nos efforts en vue d'une généralisation de l'Arbitrage et d'une limitation simultanée des armements avec je ne sais quels rêves de désarmement et de paix universels ; non, je parle des inquiétudes sincères, raisonnées. Je résume ce quim'a été dit mille fois:

« Rien n'est plus louable qu'une campagne en « faveur de l'Arbitrage et de la limitation des ar- « mements; mais est-ce bien en France qu'elle doit « commencer? Est-ce à la France vaincue et muti- « lée qu'il convient de prêcher la paix? Adressez- « vous d'abord à ses vainqueurs, si vous pouvez « vous faire entendre. Prenez garde, dans l'intérêt « même de la Justice et de la Liberté, d'affaiblir « en France l'énergie indispensable à la défense « de vos principes. Si la France, par malheur, est « seule à vous comprendre et si vous laissez naï- « vement dominer à ses côtés l'esprit de conquête, « prenez garde d'éveiller autour d'elle, non pas « l'émulation, mais la tentation, prenez garde de « faire d'elle, non pas un exemple, mais une proie, « et de déchaîner ainsi sur le monde la guerre « universelle! »

Telle est l'objection. Grave problème, qu'il serait puéril ou criminel de prétendre éluder.

Il est vrai qu'une circonspection particulière s'impose à la France républicaine; si la propagande pacifique implique qu'elle répudie son attachemeut inébranlable au droit, si la propagande pacifique implique, comme on l'a dit, que chaque Français se change en mouton pour bêler une paix suppliante en face d'adversaires fermés à tout esprit de conciliation et de mutuelles concessions, alors, je l'ai déclaré maintes fois, je serais honteux de cette propagande, j'en serais honteux pour mon nom et pour mes enfants; cette propagande serait mortelle pour la France, pour la Liberté, pour la civilisation, elle aboutirait à la plus démoralisante consécration de la violence. Mais cette propagande n'est celle d'aucun Français. N'écoutez pas les calomnies de l'esprit de parti ; aucun homme de bonne foi ne s'y trompe ; nous ne sommes pas devenus des lâches ; nous croyons même avoir prouvé notre courage en bravant les préventions et les clameurs intéressées, et nous le prouverions encore avec joie, s'il fallait non pas des paroles, mais notre sang pour le triomphe de nos idées.

Non; notre campagne pour la Paix n'est qu'une forme et la forme supérieure de notre patriotisme.

L'école de vérité que la France contemporaine travaille à fonder, prépare des hommes, des initiatives, des énergies, cent fois plus précieuses au jour du danger que les traditions surannées ou équivoques du militarisme Depuis quand l'éducation de la liberté conduit-elle à la servitude ? Et comment supposer qu'une nation réalise ce suprême effort de se diriger elle-même et qu'elle puisse négliger en même temps de se défendre ? Ceux-là seuls qui s'appliquent à discréditer notre régime peuvent le croire capable d'une aussi absurde contradiction.

Non; la France, — et il en est de même de toute nation laborieuse, — développe au contraire sa force dans la paix tout en réduisant au minimum ses risques de conflit. Plus elle tient au progrès, aux conquêtes de son indépendance et de son travail, plus elle aura de raisons, plus elle aura de moyens de bien défendre ces conquêtes. Oui, de moyens. En augmentant le nombre de ses amis, de ses clients, elle augmente la somme de ses ressources ; on peut même dire qu'elle tire de ses bonnes relations extérieures une large part des ressources nécessaires à sa défense nationale. Tout cela marche ensemble. La France n'a vraiment été faible que lorsqu'elle a été pour le Monde un sujet d'inquiétude ; c'est l'histoire de tous les Etats dominateurs. Depuis qu'elle est pacifique, elle est forte de la sympathie générale en même temps que de sa prospérité augmentée. Il y a trente six ans, nous en avons fait l'expérience, la France chauvine était isolée; aujourd'hui elle, compte autant d'amis qu'elle comptait jadis d'adversaires! Quels changements ! Et qui donc soutiendra que notre armée, notre marine, nos colonies, aussi bien que notre agriculture, notre industrie et notre commerce, n'en tirent pas le plus manifeste avantage !

Le scrupule patriotique qu'on nous oppose se retourne donc en notre faveur. La France a tout intérêt à préconiser une politique pacifique dont elle sera bénéficiaire, comme les autres pays ; elle restera ainsi fidèle à sa mission intellectuelle et morale en propageant une grande idée ; et tout le monde lui sera reconnaissant de la remplir, à commencer par les Français. Les évènements l'ont bien prouvé ; et ce n'est pas aveuglément qu'en réponse aux attaques passionnées dont nous avons été l'objet, les Conseils généraux de France, ont voté, ainsi que les Chambres de Commerce, des adresses de sympathie à notre Groupe parlementaire de l'Arbitrage ; ce n'est pas non plus sans motif que le nombre des représentants du pays, inscrits sur la liste de nos membres, dépasse le chiffre de 400.

La conquête de l'opinion nationale française à nos idées est un fait acquis.

*
* *

L'attitude des Puissances et leur intérêt

Cela dit, le scrupule patriotique a d'autant moins sa raison d'être en France que notre Gouvernement n'a pas à se demander s'il prendra ou s'il ne prendra pas l'initiative de proposer la limitation. Cette initiative est prise ; elle a été prise par d'autres dix fois pour une, dans des termes catégoriques ; seulement, elle a toujours rencontré l'accueil le plus décourageant. Sous prétexte de patriotisme, une partie des Gouvernements sont obstinément restés sourds aux appels successifs qui leur sont venus de tous les côtés. Enumérons ces appels, et demandons-nous ce que les générations qui nous suivent et qui porteront le poids de nos dettes penseront d'une telle incapacité à prendre un parti.

LA RUSSIE

Le Gouvernement Russe a proposé, le 24 Août 1898, pour les besoins de son expansion économique, la réunion d'une conférence du *Désarmement* ; c'était le titre officiel, initial, changé plus tard en celui de *Conférence de la Paix*. Les termes de cette proposition furent si formels, si pressants qu'ils secouèrent le monde d'une sorte d'émotion électrique.

Je comptais vous lire le texte de la célèbre circulaire du comte Mouraview et vous demander si le plus exigeant d'entre nous a jamais élevé une plus forte protestation ; mais le premier ministre de Grande-Bretagne m'a devancé hier dans l'admirable discours que nous avons tous applaudi, discours dont nous devons remercier hautement Sir Henry Campbell Bannermann, parce qu'il est un acte de foi et de courage, parce qu'il est pour nous la plus précieuse des récompenses et le plus éclatant encouragement. Voici quelques extraits pourtant de cette circulaire :

« Le maintien de la paix générale et une réduction possible des armements excessifs qui pèsent sur toutes les nations se présentent comme l'idéal auquel devraient tendre les efforts de tous les gouvernements.

« Dans sa conviction que ce but élevé répond aux intérêts les plus essentiels et aux vœux légitimes de toutes les puissances, le Gouvernement Impérial croit que le moment actuel serait très favorable à la recherche, dans les voies d'une discussion internationale, des moyens les plus efficaces d'assurer à tous les peuples les bienfaits d'une paix réelle et durable, *et de mettre avant tout un terme au développement progressif des armements actuels.*

« Les charges financières, suivant une marche ascendante, atteignent la prospérité publique dans sa source ; les forces intellectuelles et physiques des peuples, le travail et le capital sont en majeure partie détournés de leur application naturelle et consumés improductivement. Des centaines de millions sont employées à acquérir des engins de destruction effroyables qui, considérés aujourd'hui comme le dernier mot de la science, sont destinés demain à perdre toute valeur à la suite de quelque nouvelle decouverte dans ce domaine. La culture nationale, le progrès économique, la production des richesses se trouvent paralysés ou faussés dans leur développement.

« Aussi, à mesure que s'accroissent les armements de chaque puissance, répondent-ils de moins en moins au but que les gouvernements s'étaient posé. Les crises économiques dues en grande partie au régime des armements à outrance et le danger continuel qui gît dans cet amoncellement du matériel de guerre transforment la paix armée de nos jours en un fardeau écrasant que les peuples ont de plus en plus de peine à porter.

« *Il paraît évident, dès lors, que, si cette*
« *situation se prolongeait, elle conduirait*
« *fatalement à ce cataclysme même qu'on tient*
« *à écarter et dont les horreurs font frémir à*
« *l'avance toute pensée humaine.*

« Mettre un terme à ces armements incessants
« et rechercher les moyens de prévenir les cala-
« mités qui menacent le monde entier, tel est le
« devoir suprême qui s'impose aujourd'hui à
« tous les Etats ».

Il est vrai, nous disent les sceptiques, que, depuis la circulaire Mouraview, la guerre est survenue, puis le cortège habituel de la guerre, la révolution ; mais le résultat de ce démenti infligé par une politique malheureuse à des intentions excellentes, a prouvé bien plus fortement qu'aucune circulaire diplomatique, combien la Russie avait perdu à s'écarter de ces intentions.

En tout cas la Douma, dont nous avons acclamé hier les représentants dans cette enceinte, a repris à son compte la volonté impériale. Nos camarades de Saint-Pétersbourg, ont correspondu avec le groupe parlementaire français de l'arbitrage ; ils ont mesuré ses progrès, étudié son organisation et, répondant à notre appel, une des premières manifestations de leur activité a été de fonder un groupe analogue au groupe français ; ils sont venus à Londres pour enrichir l'union interparlementaire d'un sang nouveau, non pas éphémère, mais jeune et plein d'avenir ; ils sont venus réaliser du premier coup ce qui est aujourd'hui l'espérance, ce qui sera bientôt le programme de l'Union ; ils sont venus non pas comme nous, simples éclaireurs volontaires, mais en représentants en délégués de leur Parlement, ayant mission de nous apporter une force nouvelle, ayant pouvoir de faire adopter chez eux les résolutions prises ici. Les circonstances, il est vrai, ne leur auront pas permis de remplir jusqu'au bout leur mandat et la dissolution intervient comme une contradiction de plus ; mais il n'en reste pas moins ce double fait que le gouvernement russe d'abord et le Parlement russe ensuite se sont prononcés dans des termes irrévocables en faveur de nos idées.

LA GRANDE-BRETAGNE

L'initiative de la Russie en faveur de la limitation des armements est-elle restée isolée, n'a-t-elle eu pour lendemain dérisoire que la guerre ? Non, elle n'a pas empêché la guerre, pas plus qu'aucune mesure sage n'empêchera la folie ou le crime de subsister; mais elle a trouvé de l'écho, elle a été reprise par d'autres pays. La Grande Bretagne d'abord a pris parti nettement ; et, comme toujours dans ce pays du vrai régime parlementaire, c'est au Parlement que son gouvernement a fait connaître son opinion : c'est à la Chambre des Communes que M. Goschen, alors premier lord de l'amirauté, fit cette déclaration le 9 mars 1899 :

« Nous sommes prêts à diminuer ou à modifier, disait-il, notre programme de constructions nouvelles et à nous en tenir à la proportion actuelle. Nous n'avons pas pressé le mouvement, nous l'avons suivi. Mais je déclare, au nom du gouvernement de Sa Majesté, que si les autres grandes puissances sont disposées à diminuer leurs programmes de constructions, nous sommes prêts, de notre côté, à entrer avec elles dans cette voie en modifiant le nôtre. Les difficultés d'un pareil accord seront, cela est certain, immenses ; mais notre désir est sincère de voir la Conférence alléger l'effroyable fardeau qui pèse sur les nations européennes. »

Et M. Goschen complétait sa déclaration par cet avertissement : « Si cet accord ne se fait pas, alors nous nous en tiendrons au programme que je dépose devant la Chambre. »

Quelle suite fut donnée à cette déclaration? Aucune ; la diplomatie l'ignora, la considéra comme non avenue ; tel est le sort de la plupart des initiatives nouvelles ; mais elle n'en existe pas moins. Les circonstances les plus adverses n'ont pas pu empêcher que la lassitude manifestée en 1899 soit beaucoup plus justifiée encore en 1906, après sept années de sacrifices redoublés. On a dit, pour expliquer ces accroissements formidables de dépenses navales et militaires coïncidant précisément avec les déclarations gouvernementales qui les condamnaient, que l'Angleterre n'avait pas grand mérite à accepter un arrêt général de ces dépenses et particulièrement des dépenses navales, puisque cet arrêt n'aurait d'autre effet que de lui assurer le bénéfice de la large avance déjà prise par elle sur les autres. Mais c'est ici qu'apparaît l'absurdité de notre entraînement général. Chacun augmente en même temps ses sacrifices pour ne pas se laisser dépasser ; les distances restent donc les mêmes entre toutes les Puissances rivales, la proportion ne varie pas ; — aucune d'elle ne sort fortifiée de cette course et c'est la ruine qui les attend toutes.

On frémit en pensant que si les puissances s'étaient entendues, il y a dix ans, pour modérer leur allure, elles auraient économisé des milliards, dont le progrès eût profité, sans que leur situation respective en fût modifiée. Elles seraient seulement plus riches et leurs embarras politiques seraient moins grands.

Après lord Goschen cependant et après le chef du Gouvernement d'alors, le marquis de Salisbury, la liste est longue des hommes d Etat Anglais qui se sont prononcés en faveur d'une limitation des armements, depuis M. J. Chamberlain, en 1903, jusqu'au premier ministre libéral actuel. M. J. Chamberlain parlait, écrivait en 1903, au nom du Gouvernement unioniste-conservateur dont il faisait partie ; j'ai cité maintes fois ces textes, notamment au Sénat français le 11 Avril 1905 et le 9 Avril 1906, et dans une lettre publique du trois Août 1903 à M. Delcassé. Lord Lansdowne n'a pas manqué lui même de déclarer que la situation présente est **intolérable** et qu'il applaudissait, avec tous ses collègues, à toute tentative sérieuse qui serait faite en faveur d'une diminution de la colossale dépense qui pèse sur les Grandes Puissances. *(Séance de la Chambre des Lords du 25 mai 1906.)* Il revendique même, à juste titre pour son parti et pour son gouvernement, l'honneur d'être entré déjà, en fait, dans cette voie. Sir Henry Campbell Bannerman le reconnaissait hier devant vous avec son habituelle loyauté.

Lord Lansdowne n'a pas entendu par là, exposer son pays au risque d'une attaque, — et personne en Angleterre, pas plus qu'ailleurs, n'a jamais conçu une limitation des armements aboutissant à détruire l'équilibre des forces internationales au profit d'un ou de plusieurs Etats contre les autres, — mais il a dit et répété : « Ce serait une chose admirable à nos yeux si, d'un commun accord, nous pouvions arriver à diminuer ces sacrifices. » *(Lettre du 22 mai 1906)*. Ces paroles dans la bouche de l'homme qui a tant fait pour la paix du monde et qui s'est acquis, on peut le dire, sans distinction de pays ou de partis, une estime et une confiance générales, — ces paroles que mon honorable ami Arthur Balfour ne démentira pas doivent avoir à nos yeux une encourageante signification. Le langage de Sir Ed. Grey, digne successeur de lord Lansdowne, au *Foreign Office*, est plus catégorique encore.

Déjà Sir Henry Campbell Bannerman avait dit à la fin de l'année dernière (22 décembre 1905) :

« Nous, libéraux, ne l'oublions pas, nous sommes les héritiers d'une grande et noble tradition. Cette tradition naquit dans les jours où l'opinion publique était opposée à toute tentative de régler les différents par un appel à la raison et à la conscience de l'humanité.

« M. Gladstone défia l'opinion publique de son temps. Il se plaçait sur un terrain plus élevé, et en déférant la dispute de l'*Alabama* à l'arbitrage, il établit un précédent d'une valeur inconnue pour l'humanité.

« Je me réjouis que, depuis cette période, le principe de l'arbitrage ait fait de grands progrès, et qu'aujourd'hui on ne regarde plus comme une faiblesse de la part d'aucune des grandes puissances du monde de soumettre à un tribunal plus haut ces différends, qui autrefois eussent été réglés par la force.

« Ah ! messieurs, il est inutile de chercher la paix si vous n'agissez pas en conséquence ; j'estime que l'accroissement des armements est un grand danger pour la paix du monde.

« Une politique d'armements énormes soutient et alimente cette idée que la force est la première, sinon la seule solution des différends internationaux.

« C'est une politique qui tend à rouvrir les vieilles plaies et à provoquer de nouvelles blessures. Etant donné que le principe de l'arbitrage pacifique fait des progrès, une des tâches les plus nobles des hommes d'Etats consiste à modifier ces armements en vue d'une ère nouvelle et plus heureuse.

« Y a-t-il un rôle plus noble pour ce grand pays que de se mettre, au moment actuel à la tête d'une ligue de la paix par l'intermédiaire de laquelle cette œuvre pourrait être accomplie ?

« Il nous faut, conclut sir Henry Campbell Bannerman, un allègement du fardeau des taxes excessives, et en même temps l'argent nous manque pour subvenir à ce but désirable si en temps de paix nos armements sont maintenus sur le pied de guerre ! Ne pensez pas à cette folie qui nous fait appeler les partisans de la petite Angleterre. Je suis au moins assez patriote pour ne pas désirer voir l'affaiblissement de mon pays par un gaspillage tel que celui de ces dix dernières années. »

A son tour, Sir Edward Grey, ministre des Affaires Etrangères a confirmé avec éclat les déclarations du premier ministre. On se rappele la motion de notre collègue Vivian à la Chambre des communes en faveur de l'étude concertée entre l'Angleterre et les autres Puissances de la limitation des armements. Cette motion a été depuis lors, 25 mai, appuyée par notre éminent ami lord Avebury, à la Chambre des Lords et soutenue par Lord Edmund Fitz-Maurice ; à la Chambre des Communes, Sir Edward Grey l'a accueillie par ces paroles couvertes d'applaudissements, *(10 Mai)* :

« Les dépenses nationales se sont énormément accrues dans ces dernières années ; il est possible de les réduire sans sacrifier la sécurité du pays.

« J'approuve la résolution présentée par M. Vivian à cause de l'effet qu'elle pourrait avoir dans les autres pays. A aucun moment, l'opinion publique en Europe ne s'est prononcée plus fortement en faveur de la paix et pourtant le fardeau des dépenses militaires et navales ne cesse d'augmenter. La conférence de La Haye ne pourra rendre un plus grand service au monde qu'en faisant les conditions de la paix moins dispendieuses.

« On dit que nous attendons que les puissances étrangères prennent l'initiative pour réduire nos dépenses. En réalité, les puissances s'attendent toutes les unes les autres ; il faudra bien qu'un jour ou l'autre, l'une d'elles fasse le premier pas.

« Il est possible qu'une autre puissance soit prête à prendre l'initiative, mais rien ne doit nous interdire de le faire.

« Au nom du Gouvernement, j'accepte et accueille la résolution Vivian et j'espère que les autres puissances la considéreront comme une invitation du Gouvernement Anglais à répondre à un appel en faveur d'une réduction des armements. »

L'ITALIE

Nous voilà fixés sur les sentiments de la Grande Bretagne et de la Russie ; continuons méthodiquement notre enquête. Constatons la force irrésistible d'une idée juste, l'heureuse contagion d'une initiative bienfaisante ; cette initiative est en germe dans tous les esprits, elle sommeille ; la première fois qu'elle se manifeste, tout semble conspirer pour la décourager, mais elle persiste ; elle atténue autour d'elle les défiances ; puis elle conquiert l'attention et finalement la sympathie.

A peine la motion Vivian avait-elle provoqué au Parlement Britannique des réponses et un vote favorables, un autre de nos collègues, M. Brunialti, dans un autre Parlement, non moins animé que celui de Londres d'une généreuse ambition pacificatrice, le Parlement de Rome, offrait au Gouvernement Italien l'occasion de se prononcer à son tour. (*14 juin.*) M. Tittoni, ministre des Affaires étrangères, loin de chercher à éluder la question, y répondait au milieu d'une grande attention, dans les termes les plus nettement favorables et dont voici le résumé :

« Aujourd'hui, comme ministre des Affaires étrangères d'Italie, j'exprime publiquement l'adhésion du gouvernement aux idées humanitaires qui trouvèrent dans l'historique salle du palais de Westminster un assentiment large et autorisé. J'ai toujours pensé que, pour nous, ce serait un crime de lèse-patrie, que d'affaiblir nous seuls nos armements tandis que nous nous trouvons au milieu d'une Europe puissamment armée et qui considère le perfectionnement des armements comme une garantie de paix.

« Cependant, je suis d'avis pareillement que ce serait un crime de lèse-humanité que de ne point coopérer sincèrement aux initiatives qui ont pour but une réduction simultanée des armements des grandes puissances. La politique italienne a toujours visé au maintien de la paix ; par conséquent, je suis heureux de pouvoir dire à l'honorable M. Brunialti que nos délégués à la prochaine conférence de La Haye auront mandat de seconder l'initiative anglaise. »

Ce qu'il faut remarquer, en outre, dans ces déclarations, c'est que l'honorable ministre italien, tout en acceptant le principe d'une limitation et même, a-t-on dit depuis lors, le principe d'une réduction des dépenses militaires, parlait dans l'intérêt de l'armée, d'accord avec les plus hautes autorités techniques. C'est là, dans tous les pays, un des résultats du délire chauvin: les mégalomanes finissent par inquiéter non plus seulement les contribuables et toutes les forces productives qu'ils épuisent, mais les personnalités elles-mêmes les plus éminentes de l'armée et de la marine. Vous n'aurez pas à faire de bien longues investigations, pour découvrir autour de vous nombre d'officiers de mer et de terre, foncièrement hostiles au gaspillage dont ils savent bien que finalement la défense nationale souffrira beaucoup plus qu'elle ne profitera. Ils déplorent que, sous prétexte de modifier sans cesse un outillage déjà trop compliqué et trop souvent renouvelé, on crée des industries factices qui vivent au détriment de l'activité naturelle du pays; ils déplorent que sous prétexte de fortifier l'armée et la marine on les paralyse.

L'augmentation illimitée du tonnage des cuirassés, par exemple, et de la portée des canons est arrivée au point de constituer une sorte de jeu qui donne l'impression d'un égarement maladif ou d'une mystification; et il est impossible de ne pas constater que ceux-là mêmes qui nous reprochent, au nom de leur patriotisme, d'organiser de bonnes relations internationales, ne se font pas faute d'internationaliser le gaspillage dont ils profitent. Qu'ils prennent garde ! l'excès de leur zèle devient suspect ; on y verra bientôt non pas l'expression mais l'exploitation internationale du patriotisme.

LA FRANCE

Le Gouvernement Français, je le reconnais et je le déplore, a été plus réservé que les Gouvernements Russe, Britannique, Italien; mais il avait plus d'une excuse pour justifier cette réserve, et mon honorable collègue M. Messimy, rapporteur du budget de la guerre à la Chambre des Députés de Paris, vous dira pourtant, comme il l'a démontré récemment à notre groupe de l'Arbitrage, que la France est en même temps moins déraisonnable, relativement, que d'autres Puissances, en ce qui concerne les dépenses militaires. Quoiqu'il en soit, les déclarations du Gouvernement français ont été jusqu'à présent des plus vagues; on peut même dire qu'en dépit du progrès de nos idées elles ont été purement dilatoires jusqu'à ces derniers temps. Il y a quelques semaines pourtant, nous avons eu la satisfaction d'entendre, en réponse à de pressantes interrogations, le ministère actuel déclarer qu'il accueillerait avec sympathie lui aussi toute initiative en faveur d'une étude internationale de la limitation des armements. Notre Ministre des Affaires Etrangères, M. Léon Bourgeois, mon ancien collègue à la Conférence de la Haye, n'a pas oublié la part qu'il a prise alors à la rédaction d'une motion votée à l'unanimité et dont vous connaissez bien le texte:

« La Conférence estime que la limitation pro-
« gressive des armements qui pèsent actuellement
« sur le monde est grandement désirable pour
« l'accroissement du bien-être moral et matériel
« de l'humanité. »

La déclaration ministérielle du 12 juin 1906 fait revivre cette affirmation.

LE JAPON - L'AUSTRALIE - LA CHINE

Invoquera-t-on, contre notre thèse, les armements qui se développent hors d'Europe, les victoires du Japon, les projets mêmes de la Chine, ceux de l'Australie, les dépenses des Etats-Unis ? Je répondrai qu'il est très vrai que le militarisme tend à se développer partout, mais à la suite de l'Europe, et que, si l'Europe se décidait à donner un meilleur exemple, tout le monde lui en saurait gré, tout le monde en tiendrait compte. C'est en vain que l'Europe essaie de faire peser sur les peuples nouveaux la responsabilité des maux qu'elle seule a déchaînés et qu'il dépend d'elle de faire cesser.

La force militaire du Japon est une création Européenne ; le Japon, n'a rien à gagner, il a tout à perdre à la développer outre mesure ; son intérêt vital est de limiter au niveau le plus bas ses dépenses d'organisation défensive ; il agit contre son intérêt en s'abandonnant momentanément à l'essai des cuirasssés monstres, mais il a prouvé qu'il sait se libérer de nos exagérations et cette expérience contribuera peut-être plus encore que nos erreurs à lui ouvrir les yeux et à le ramener à son admirable règle du maximum d'effet par le minimum de dépense.

L'Australie ne peut échapper, elle non plus, à la nécessité de se défendre au milieu des peuples armés jusqu'aux dents, mais c'est là par excellence que l'incompatibilité éclate entre les dépenses de la paix armée et les dépenses sociales.

L'Australie ne peut pas être à la fois le jardin d'essai des réformes de notre temps et le stérile terrain de manœuvres du militarisme ; elle est donc toute entière acquise à la limitation des armements ; elle ne peut pas sacrifier au service militaire le service de la colonisation ; les bras dont elle dispose ne sont pas déjà si nombreux ; le recrutement d'une armée permanente et d'une marine dans un pays en formation est une véritable anomalie, une cause d'avortement et de ruine.

Il en est tout autrement de la Chine, réservoir d'hommes inépuisable. Là, tandis que les grandes Puissances blanches continueront leurs folles surenchères, rien ne sera si facile que de les suivre et même de les dépasser ; mais là encore le péril jaune dont on s'est moqué sera notre œuvre ; la civilisation peut l'éviter ou le créer selon qu'elle fera ou ne fera pas son devoir ; déjà elle a provoqué bien des maux difficilement réparables, à commencer par la haine de l'étranger, les insurrections, les massacres. En Chine, comme en Turquie, comme dans tous les Etats d'Orient et d'Extrême-Orient le militarisme n'est qu'une importation européenne, la caricature de nos propres exagérations ; c'est nous qui encourageons et parfois même obligeons ces gouvernements trop faibles pour nous résister à nous acheter des cuirassés et des canons dont ils ne sauraient que faire s'ils ne les tournaient contre leurs sujets, contre leurs voisins et finalement contre nous.

LES ÉTATS-UNIS

L'Amérique exige un examen spécial. Je m'excuse du développement de cette étude mais elle est complexe autant qu'urgente, et votre confiance aussi bien que l'importance du sujet m'interdisent de la traiter trop incomplètement.

La situation des Etats-Unis fournit depuis quelque temps un regain d'arguments plus superficiels les uns que les autres au chauvinisme international ; mais nos mégalomanes en abusent. De même qu'ils font le silence sur la prodigieuse économie de l'organisation militaire japonaise et dénaturent grossièrement les enseignements de la bataille de Tsoushima pour nous réclamer de nouvelles dépenses, de même ils ne voient dans l'incontestable accroissement des charges militaires des Etats-Unis qu'un prétexte pour augmenter celles des autres pays. C'est une profonde erreur. Les Etats-Unis consentent, il est vrai, de grands sacrifices pour entretenir des forces relativement peu importantes, mais c'est précisément le signe de *leur inaptitude naturelle à se militariser*. Si le militarisme était chez eux un fait normal, les soldats se paieraient moins cher. Mais comment constituer une armée permanente, une armée de paix, une armée oisive, dans un pays en formation, où personne n'a de loisirs, où tout le monde travaille, où les salaires sont très élevés et la main d'œuvre toujours trop rare ? Cette armée serait un véritable défi au bon sens et au patriotisme de la nation. Chacun au travail en temps de paix, chacun sous les armes en temps de guerre, voilà l'idéal d'un Etat démocratique. Comme il faut bien, pourtant, dans l'état actuel du monde, que les Etats-Unis ne soient pas la seule puissance désarmée, comme ils sont obligés de prendre leurs précautions contre l'abus du militarisme d'autrui, et comme, après tout, ils ne sont pas exempts eux-mêmes de nos entraînements, il en résulte qu'ils ont eux aussi une armée, le minimum d'armée possible, et il est naturel que ce minimum d'armée leur coûte plus cher qu'à tout autre ; mais qui donc osera comparer leur armée à celle de n'importe quel Etat européen ? Voyageant de New-York à Chicago, je n'ai pas souvenir d'avoir rencontré un soldat américain pendant six semaines. Ainsi donc, il faut constater que les Etats-Unis ne peuvent former qu'une petite armée à très grands frais, et ces grands frais sont un argument de plus en faveur de notre thèse et non pas contre.

J'en dirai autant de la flotte américaine. J'admets que la métallurgie militariste exerce, là comme ailleurs, son action : le protectionnisme a partout pour corollaire inévitable cette autre prime à l'industrie nationale : les fournitures militaires. Mais il ne suffit pas de commander des cuirassés, il faut à ces cuirassés des équipages ; et alors le problème est le même que pour l'armée ; on ne peut pas enrôler des marins étrangers et la main-d'œuvre nationale fait défaut. Malgré tout, néanmoins, les Américains auront une flotte ; mais c'est bien nous, Européens, qui les y auront contraints, comme nous avons contraint les Japonais, et encore ils auront par la force des choses la flotte non pas la plus grande, mais la plus petite possible, précisément parce qu'elle sera la plus coûteuse ; ce sont les propres expressions du Ministre de la marine, M. Charles Bonaparte, dans son rapport annuel de 1905, page 23. Si petite soit-elle, elle sera nécessairement en proportion de l'étendue de leurs côtes, de la surface immense de leur territoire, du chiffre élevé de leur population. On ne saurait équitablement comparer les Etats-Unis à telle ou telle des puissances européennes ; il faut les comparer à toute l'Europe. Si nous persistons à comparer la marine américaine à la marine française, par exemple — ce qui est fréquemment le cas dans notre pays — il est clair qu'avec 80 millions d'habitants, par la seule marche du temps, la marine américaine dépassera celle de la France, dont la population n'est que de 38 millions. C'est une certitude mathématique ; par conséquent nous avons, nous, Français, le plus grand intérêt à ne pas engager avec l'Amérique ce match où nous sommes sûrs d'être battus. Le raisonnement reste le même pour l'Allemagne bien qu'elle ait un tiers d'habitants de plus que la France.

Les Etats-Unis n'ont pas besoin d'une armée de terre, ils savent bien qu'ils sont, par le seul effet de leur situation géographique, inattaquables ; tout leur effort portera donc sur l'organisation solide des forces navales nécessaires pour résister victorieusement à quelque folle entreprise européenne ; cette organisation, grâce aux submersibles, aux torpilles et à la défense des côtes, à la télégraphie sans fil, sera de jour en jour plus effective, et moins coûteuse : le moment approche, — s'il n'est pas déjà venu, — où il deviendra impossible et absurde de diriger une escadre européenne contre n'importe lequel des Etats américains fédérés ; tandis que la réciproque n'est pas complètement vraie, si l'Europe reste divisée et si l'un de ses Etats offre contre l'un des autres l'abri de ses ports à la marine américaine. En tous cas, l'Allemagne, à la différence des Etats-Unis, est obligée de diviser ses forces sur terre et sur mer, ou plutôt elle doit les doubler pour pouvoir faire face à la fois à la plus grande armée du monde après la sienne, et à la plus grande marine ; effort deux fois épuisant et toujours décevant, puisque, une fois dans cette voie, nous ne sommes plus maîtres de nos hypothèses ; il sera toujours possible de supposer que la plus forte armée du monde, après celle de l'Allemagne et la plus forte flotte, peuvent un jour s'associer à une autre armée, à une autre flotte, l'armée française par exemple à l'armée anglaise, la flotte anglaise à la flotte japonaise, américaine ou australienne et même à toutes les autres flottes ; de telle sorte qu'en dernière analyse les dépenses et les sacrifices les plus illimités ne peuvent pas donner à l'Allemagne, non plus qu'à aucune autre puissance, la certitude de la supériorité militaire ; ce qui démontre le caractère illusoire de ces dépenses et de ces sacrifices.

Aucune nation européenne ne peut se flatter de l'espoir d'arrêter à elle seule, de dépasser ou même d'égaler le développement des Etats-Unis ; l'Allemagne, aussi bien que la France, pourra s'épuiser à cette entreprise, nous ne réussirons qu'à obliger les Etats-Unis, malgré leurs inaptitudes naturelles, à concentrer sur leur flotte et à tout prix l'effort de leurs ressources et de leur population toujours croissantes ; nous les obligerons à détourner cet effort de l'œuvre de paix pour le consacrer à l'œuvre de guerre ; ils ne nous le pardonneront pas et nous n'y gagnerons rien, — la France ne pouvant finalement les suivre faute de population, et l'Allemagne pas davantage faute d'argent. Mais pense-t-on qu'à ce jeu les mécontentements populaires n'opposeront pas un jour ou l'autre une résistance ?...

Résignons-nous donc à accepter les lois du bon sens ; n'entreprenons pas avec les Etats-Unis une course funeste pour eux comme pour nous. Leur marine sera celle d'un grand pays, cela est inévitable, — la vigoureuse campagne du capitaine Hobson en est la preuve, — mais elle peut être, grâce au progrès, infiniment simplifiée et bien différente des nôtres ; ils ne tiennent pas à nous suivre dans nos erreurs ; ils ne tiennent pas à construire de coûteux arsenaux pour les encombrer d'un matériel colossal et qui se démode encore plus vite qu'il ne se produit ; ils trouveront dans cette voie comme dans leurs entreprises agricoles et industrielles les simplifications nécessaires ; ils ne commettront pas, pour la première fois, la naïveté de nous emprunter ce qu'il y a de plus discutable, de plus éphémère, dans nos vieux systèmes ; les exigences de leur développement économique et social leur fourniront les moyens d'appliquer, au contraire, ce qu'il y a de plus moderne dans nos découvertes ; ils nous dépasseront, en un mot, avec nos inventions et avec les leurs et non pas avec nos routines ; et c'est pourquoi il est puéril de presser leur allure en hâtant la nôtre ; ils seront trop heureux de se joindre aux Puissances favorables à la limitation des armements et même de les encourager. J'ai rappelé sur ce point, les déclarations du Secrétaire d'Etat actuel de la Marine, M. Charles Bonaparte; le Président Roosevelt n'a pas été moins net dans son message récent (Décembre 1905), — singulièrement d'accord avec notre thèse, — et dont j'ai cité au Sénat Français le 9 avril dernier l'extrait suivant :

« Nous voulons d'étape en étape faire un pas en avant pour arriver à créer quelque chose comme une organisation des Etats civilisés, par cette raison que plus le monde atteindra une organisation supérieure, plus le besoin de marines et d'armées diminuera.

« Un désarmement immédiat est impossible, ce serait un encouragement pour les Etats nuisibles, mais il peut être possible d'apporter un frein à la tendance, à l'accroissement indéfini des budgets pour les dépenses de la guerre.

« Bien entendu, un effort dans cette voie ne peut aboutir que s'il est raisonnable. »

Pas plus qu'aucun de nous, le Président des Etats-Unis n'est disposé à abandonner sa patrie à la merci des convoitises d'un envahisseur, mais il n'hésite pas à préconiser une organisation nouvelle et, en attendant il fait écho aux déclarations Russes, Anglaises, Italiennes, Françaises en faveur d'une limitation. Prenons acte de ce symptôme ; n'en diminuons pas la considérable portée ; n'oublions pas que plus un Etat est embarrassé pour suivre la course des armements, alors même que ses ressources seraient immenses, — plus il est difficile à son gouvernement de le déclarer trop haut, plus il doit craindre que sa manifestation de sagesse ne soit un encouragement pour l'erreur d'autrui.

LE NOUVEAU MONDE, LES PETITES PUISSANCES

Le Président Roosevelt n'est pas, d'ailleurs, l'interprète des sentiments des Etats-Unis seulement ; non, c'est l'Amérique tout entière, c'est le nouveau monde qui parle avec lui; c'est la République du Mexique, la première avec les Etats-Unis qui ait osé désensorceler la cour de la Haye; c'est le Brésil qui nous donne cet exemple d'avoir inscrit l'Arbitrage obligatoire dans sa constitution; c'est la République Argentine, le Chili. Là pourtant l'éloquence trop persuasive de la métallurgie européenne s'était exercée comme ailleurs, là des antagonismes nationaux, en apparence irréductibles, semblaient devoir toujours ensanglanter les frontières des peuples; là le désordre des ambitions rivales, la tentation des richesses à conquérir et la difficulté des organisations politiques à créer, devaient, plus que partout ailleurs, constituer de continuels dangers de conflits, et c'est là pourtant que nous voyons signer la première convention de réduction des armements, comme c'est là aussi que fut conclue la première convention générale d'arbitrage. Je me rappelle de quel poids a pesé dans nos délibérations, à la Haye, l'exemple donné, en 1898, par la République Argentine signant avec l'Italie son fameux traité d'arbitrage ; et combien mon éminent ami le comte Nigra, était fier pour son pays de ce précédent. La jeune République Américaine ne s'est pas arrêtée là; pourquoi la sagesse dont elle a fait preuve ensuite en réduisant d'un commun accord avec le Chili, le nombre de ses cuirassés serait-elle cette fois sans influence? Ces réductions ont été ardemment, longuement discutées par des hommes de la plus haute valeur intellectuelle et morale ; elles ont été votées parce que les Parlements de Buenos-Ayres et de Santiago ont compris cette vérité si simple : deuxpays divisés s'affaiblissent vis à vis des tiers en augmentant leurs forces rivales ; deux pays unis, au contraire, peuvent réduire leurs forces et les rendre plus redoutables en les associant.

Ne manquons pas, d'ajouter à la liste des Puissances qu'il faut compter parmi les partisans naturels ou déclarés de la limitation, celles qu'une tradition peu scientifique qualifie de petites Puissances ; comme si elles n'étaient pas capables de nous faire entendre de très grandes voix et de nous donner de très grands exemples ! Les petites Puissances appellent nécessairement de leurs vœux l'organisation d'une justice internationale dont elles seront les premières à profiter ; elles appellent davantage encore la fin du régime de la paix armée, ruineux pour elles par répercussion, puisqu'elles sont malgré tout obligées de s'armer, elles aussi, pour subsister dans un continuel qui vive, sous le coup de complications toujours menaçantes, leur liberté et leur existence devenant d'autant plus précaires que la Force persiste à nier plus obstinément le Droit.

L'ALLEMAGNE - L'AUTRICHE-HONGRIE

Mais que dirai-je de l'Allemagne ? moi, Français.

Je dirai à mes collègues Allemands, comme à mes compatriotes et collègues Français, la vérité, sans embarras, parce que je la dirai sans arrière-pensée, avec la certitude que l'intérêt de l'Allemagne est de limiter, en même temps que les autres Puissances, ses armements.

Le chauvinisme Français et le chauvinisme Allemand, toujours d'accord, sont de détestables conseillers, comme tous les chauvinismes du monde. A les entendre, la discussion que nous ouvrons entre tous les peuples ne serait qu'un piège, un guet-apens grossier où nous espérons en secret que l'Allemagne va venir se prendre de gré ou de force. Charitablement les nationalistes Français m'avertissent dans leurs journaux que ma naïve confiance aura de sanglants réveils et que l'Allemagne, plutôt que d'accepter une réduction forcée de ses armements, se jettera sur ses voisins, dévorera les uns, prendra les autres comme otage, etc. Les Allemands, d'autre part, écrivent « que les dépenses militaires, si lourdes soient-elles constituent le meilleur des placements, la plus sage des assurances contre les injustices internationales, et qu'elles se changeront un jour en bénéfices. Et c'est pourquoi, ajoutent-ils, les ennemis de l'Allemagne conspirent contre l'élévation de ces dépenses et contre la réalisation de ces bénéfices. Ils veulent affaiblir l'Allemagne, rien de plus; l'Allemagne est à leurs yeux trop puissante déjà; ils travaillent à grouper contre elle, avec une patience raffinée, sous le masque d'une modération plus dangereuse qu'une hostilité directe, une coalition positive, renouvelée de celle qui abattit Napoléon Ier. Le projet de limitation des dépenses militaires et navales n'est qu'un détour pour arriver à limiter le maximum des forces allemandes, à peu près comme Napoléon Ier, après Tilsitt, limita les forces de l'armée prussienne. Quoi de plus habile pour la France, pour l'Angleterre, pour les Etats-Unis, que de compenser par une limitation internationale des armements l'accroissement d'hommes qui fortifie chaque année l'armée allemande? Mais personne en Allemagne ne sera dupe d'une machination si évidente ; tous les patriotes comprendront que les propositions de limitation n'ont d'autre but que de mettre la cognée dans le chêne allemand et que la réponse allemande à ces propositions doit être un refus courtois mais formel. »

A ces raisonnements j'opposerai d'abord cette simple réflexion: s'il est vrai que la limitation des armements doive porter un si grand préjudice à l'Allemagne, comment expliquer que les chauvins des autres pays soient pourtant les adversaires de cette limitation ? Ils devraient être les premiers à la réclamer puisqu'ils prétendent que l'Allemagne la redoute. Passons sur cette contradiction.

Toute la question est de savoir si, oui ou non, l'Allemagne a quelque chose à gagner à faire la guerre ; il est évident qu'elle ne peut qu'y perdre et que de nouvelles victoires même risqueraient de soulever contre elle une coalition naturelle englobant une part de l'Amérique, de l'Asie. Donc son armée a pour objet de maintenir la paix ; son budget militaire est une prime d'assurances. S'il en est ainsi, la prime est excessive ; mieux vaudrait s'entendre avec ses voisins pour la diminuer. Comment soutenir que ses dépenses militaires se changent en profit ? On ne nous dira pas, je suppose, comme le démontrait magistralement M. Brunetière dans la *Revue des Deux Mondes* de l'an dernier, à propos de la cavalerie française, qu'il est avantageux d'employer la valeur des soldats allemands et la force de leurs chevaux à faire l'exercice et que l'Allemagne se trouverait ruinée si une partie de cette valeur et de ces forces était appliquée aux œuvres de l'agriculture et de l'industrie. Je crois, pour ma part, que l'excès de ses dépenses militaires et navales n'ajoute rien à sa sécurité, rien à sa prospérité intérieure, rien à ses bonnes relations extérieures ;

je suis convaincu du contraire et qu'au triple point de vue économique, social et politique, l'Empire allemand à le plus grand intérêt à limiter des sacrifices qui paralysent dans une large mesure sa vitalité et qui n'entretiennent en réalité que l'inquiétude. Personne ne conspire contre l'Allemagne; personne ne forme le rêve puéril d'entraver le développement d'une grande race, dont tout le monde admire le génie et reconnaît l'avenir ; on peut momentanément gêner mais on n'empêche pas la croissance d'une race ; celle de l'Allemagne n'est entravée que par l'excès du militarisme et non par les machinations de ses voisins. La compression dont elle se plaint vient de ses charges intérieures et non du dehors. Plus la paix armée se prolongera, plus l'intérêt de l'Allemagne laborieuse et commerçante se fera jour et sera contraire à l'erreur de l'Allemagne militariste, plus il sera difficile à son Gouvernement d'opposer un refus formel au désir, au besoin général d'une limitation.

Est-on bien sûr, au reste, que l'Allemagne soit décidée à un refus formel? Je n'en répondrais pas pour ma part, et mon opinion s'appuie sur des expériences récentes.

J'ai entendu soutenir en 1899, que son Gouvernement ne serait pas représenté à la Conférence de la Haye; c'était une erreur; ses délégués comme ceux de la France, ont pris part à nos travaux ; ils y ont apporté beaucoup de circonspection, cela était naturel, mais aussi beaucoup de bonne volonté d'aboutir. Sans la bonne volonté du comte Münster, sans le dévouement de mon ami le professeur Zorn, l'œuvre de la Haye avortait, la cour permanente d'arbitrage n'était pas créée. Les deux alliés de l'Allemagne, l'Autriche-Hongrie et l'Italie, ont pris une part active à cette création ; et jamais i n'est apparu que personne leur en ait su mauvais gré. Le Gouvernement allemand finalement a signé, ratifié les conventions du 29 juillet 1899.

Mais, dira-t-on, il a mis peu d'empressement à les appliquer. C'est exact, mais j'ai fait cent fois le même reproche au Gouvernement Français ; est-ce une raison pour désespérer ?

On a dit aussi que le Gouvernement Allemand ne voudrait pas entrer dans la voie des traités d'arbitrage ; on me l'affirmait encore au mois de juillet 1904, et cependant, à cette même époque, le Gouvernement allemand et le Gouvernement Britannique sentaient si bien tous deux, l'avantage de ne pas résister à la pression générale de l'opinion qu'ils se mirent d'accord pour signer un de ces traités.

N'oubliez pas, Messieurs, que de ces traités tout le monde riait, il y seulement trois années, et qu'aujourd'hui tout le monde les signe. Pourquoi n'en serait-il pas de même des traités de limitation ?

Reconnaissons pourtant que l'Allemagne est dans une situation assez ingrate pour limiter, comme les autres puissances, ses armements. Ses commerçants, et non plus ses chauvins font cette objection : « Il est naturel que certaines Puissances aient intérêt à une limitation générale, celles dont la population est peu nombreuse, comme la France, par exemple, ou bien celles qui sont déjà pourvues de colonies et n'ont plus rien à conquérir ; les unes et les autres ont tout à gagner à la consolidation de la situation présente, équivalant pour elles à un privilège. Mais l'Allemagne est à la fois très peuplée et privée des territoires d'expansion que les autres Puissances se sont réservés. Est-ce juste ? Et si cela n'est pas juste, l'Allemagne peut-elle se résigner à cette injustice et fermer de parti pris à ses enfants l'avenir qui leur appartient en vertu du droit naturel, en vertu de ce vieux dicton : « *Il faut bien que tout le monde vive.* » Et en admettant même que l'Allemagne d'aujourd'hui ait la faiblesse de consacrer cette injustice, qui nous répond que ses enfants ne se révolteront pas plus tard contre la complaisance d'un arrêt aboutissant pour eux à un suicide ? Vous voyez donc que l'Allemagne ne peut pas se déclarer satisfaite ni, par suite, entrer dans l'association générale des Puissances disposées à limiter leurs armements. »

Je répondrai qu'aucune association humaine ne se formerait si la condition de sa formation devait être le redressement préalable des torts ou des infériorités de chacun. Je répondrai que la France aussi pourrait formuler d'autres objections et de plus graves, et qu'elle n'est pas plus libre que l'Allemagne ni personne au monde d'engager la conscience des générations à venir ; mais j'ajouterai que dans ce double fait que la plupart des grandes Puissances sont satisfaites de leurs possessions coloniales et que l'Allemagne, au contraire, n'est pas satisfaite, il y a précisément l'élément d'un accord et non d'un conflit, et que cet accord, par des concessions mutuelles, durables, il pourrait se réaliser, si on voulait.

Cet arrangement sera la clef de l'organisation qui s'élabore dans les mœurs avant d'entrer dans les faits et le désordre de la colonisation européenne contribuera à en faire sentir la nécessité.

La mise en valeur des colonies est impossible sous le régime de la paix armée ; leur défense même est plus qu'hypothétique. Leur sécurité ne sera complète que le jour où les submersibles seront devenus assez nombreux et assez pratiques pour les protéger ; on ne peut songer à envoyer dans le Pacifique des cuirassés en assez grand nombre pour couvrir l'Indo-Chine, par exemple, contre une attaque du Japon, tandis qu'avec les sous-marins et les torpilles, on peut concevoir une organisation défensive ; à une condition toutefois, c'est que nous ayons le concours des indigènes. Or les charges de la paix armée sont telles que les Puissances Européennes sont obligées de pressurer les indigènes, beaucoup plus encore que les contribuables métropolitains et que, loin de pouvoir compter sur leur concours, elles se l'aliènent par leurs exigences.

Le jour où par suite d'un accord international, ces charges seront moins lourdes, la politique coloniale européenne se transformera ; la période de conquête étant close fera place, enfin, à la période d'organisation, de civilisation, dans le vrai sens du mot. Jusque là le désordre européen s'aggravera du désordre colonial et nous verrons les dépenses militaires augmenter en pleine paix dans nos possessions lointaines comme si l'état de guerre s'y perpétuait.

Les Allemands, il est vrai, feront valoir qu'étant arrivés les derniers au partage ils ont été les plus mal servis ; *tarde venientibus ossa ;* et que l'argument colonial a moins de poids dans leurs conseils que dans ceux des autres Puissances en faveur de la limitation ; mais c'est là, encore une fois, c'est dans cette inégalité qu'est le remède, la ressource. Et qui ne comprend la grandeur du rôle de la diplomatie de demain, qui n'aperçoit sa mission, son devoir nettement tracé : la paix armée n'est plus possible, la guerre n'est pas une solution, l'accord seul peut être efficace ; la routine et la violence étant impuissantes, la parole reste à la raison.

La Faillite

J'en ai dit assez, je crois, encore que le sujet soit vaste et réclame bien d'autres développements ; j'en ai dit assez quant aux dispositions et aux intérêts de toutes les Puissances concernant la limitation des armements. D'autres que moi compléteront ce premier rapport, résumé de mes précédents travaux et pousseront plus avant cette ébauche ; j'en arrive maintenant aux motifs qui ne permettent plus ni aux uns ni aux autres d'ajourner une solution. Ces motifs se résument en un seul : les Gouvernements n'ont plus le choix. Continuer le système actuel est impossible. On s'étonnera dans dix ans seulement, qu'il ait pu durer si longtemps. Si compliquée qu'elle apparaisse et qu'elle soit en réalité, la limitation est le salut ; l'ajournement est la faillite, la révolution.

La faillite ? Je laisserai la parole aux ministres des Finances de nos différents pays. Ne pouvant les citer tous, j'emprunterai mes chiffres au Ministre des Finances actuel de France, M. Poincaré, et je pourrais joindre à son témoignage ceux de la plupart de ses prédécesseurs, de notre collègue M. Caillaux, de M. Rouvier, et des principaux rapporteurs de nos budgets au Sénat et à la Chambre.

J'exposerai, d'après mes collègues Français les moins suspects d'internationalisme, la situation générale des divers budgets du monde, et M. Messimy dira, de son côté, dans quelle proportion invraisemblable mais trop vraie les dépenses militaires improductives ont augmenté partout, sans que d'ailleurs les forces respectives de chacun en aient été modifiées ; résultat ridicule et lamentable d'un si grand effort !

Tenons compte toutefois de la difficulté de comparer des budgets très diversement constitués. Il y a là des « trompe-l'œil » difficiles à éviter, et nous devons prendre notre parti, en cette matière, d'une grande incertitude sur beaucoup de points. Nous ne pouvons même plus comparer en France nos budgets de la période actuelle avec ceux des périodes précédentes. La période actuelle semble beaucoup plus chargée mais l'augmentation n'est souvent qu'apparente ; les dépenses extraordinaires étant aujourd'hui incorporées dans notre budget ordinaire, alors qu'elles échappaient jadis à l'attention. En réalité leur incorporation simplifie le budget ; elle constitue une réforme de sincérité. Il faut tenir compte aussi des crédits supplémentaires votés pour insuffisance de recettes et des dégrèvements justifiant des augmentations équivalentes de dépenses.

Pour comparer les budgets de tous les pays, il faudrait que tous les budgets fûssent également sincères ; et là aussi la propagande nationale contre l'erreur nationale doit être le point de départ de toute organisation internationale.

Si nous réunissons toutefois, en un seul total global, toutes les dépenses d'un même pays, nous arriverons à des chiffres non pas incontestables mais édifiants bien qu'approximatifs. C'est ce qu'a fait M. Poincaré ; j'emprunte les indications qui vont suivre à son discours du 8 Avril 1906, dont le Sénat a voté l'affichage dans toutes les communes de France.

L'augmentation des dépenses est générale. Cela tient, dit notre Ministre des Finances, à ce que beaucoup de dépenses dissimulées sont devenues apparentes et à ce qu'il y a eu des dégrèvements, pour ce qui concerne la France. Cette augmentation pourrait donc être un signe de prospérité si la majorité des augmentations portaient sur les dépenses productives, mais tel n'est pas le cas.

Voici le tableau dressé par M. Poincaré :

Augmentation générale des budgets depuis 26 ans (De 1880 à 1904 et 1905)

En FRANCE (en francs).

Pour 1880 .... 3.378.000.000
Pour 1905 .... 3.623.000.000

(Nous atteignons 4 milliards dans les prévisions de 1907).

En ALLEMAGNE (en francs).
(BUDGET D'EMPIRE)

Pour 1880 .... 612.000.000
Pour 1905 .... 2.761.000.000

En ANGLETERRE (en francs).

Pour 1880 .... 2.053.000.000
Pour 1904 .... 3.550.000.000

En BELGIQUE (en francs).

Pour 1880 .... 292.000.000
Pour 1905 .... 545.000.000

Aux ÉTATS-UNIS (en francs).

Pour 1880...............	1.338.000.000
Pour 1904...............	2.660.000.000

En ITALIE (en francs).

Pour 1880...............	1.197.000.000
Pour 1905...............	1.708.000.000

En PRUSSE (en francs).

Pour 1880...............	998.000.000
Pour 1904...............	3.547.000.000

En RUSSIE (en francs).

Pour 1880...............	2.429.000.000
Pour 1905...............	6.706.000.000

Ainsi, les augmentations générales de dépenses se chiffrent approximativement comme il suit dans les vingt-cinq dernières années :

Pour la **France**............	245.000.000
Pour l'**Allemagne**..........	1.949.000.000
Pour l'**Angleterre**..........	1.497.000.000
Pour la **Belgique**	253.000.000
Pour les **États-Unis**........	1.322.000.000
Pour l'**Italie**...............	511.000.000
Pour la **Prusse**............	2.549.000.000
Pour la **Russie**............	4.277.000.000

Faisons la part, dans ces augmentations, de l'accroissement des dépenses improductives.

Un tel tableau pour toutes les puissances m'entraînerait trop loin, et je m'en réfère aux chiffres de M. Messimy, mais nous pourrons juger de toutes par un seul exemple, l'un des plus modérés pourtant, celui de la France.

Sur notre total de 3 milliards 623 millions de dépenses en 1905, total aujourd'hui porté à plus de 4 milliards dans nos prévisions de 1907, quelle est, chaque année, la part des dépenses improductives? elle est énorme.

Il y a d'abord environ un milliard affecté au service des dettes qui, pour la plupart, représentent les charges militaires du passé.

Ensuite viennent les dépenses de la guerre, de la marine et des colonies, se montant, pour cette même année de 1905, à 1.260 millions, soit plus de 2 milliards de dépenses improductives.

En sorte que sur un budget total de trois milliards 1/2, il ne nous reste qu'un milliard 1/2 disponible.

Près des deux tiers de notre budget sont absorbés par des dépenses de guerre.

La progression de ces dépenses de guerre dépasse de beaucoup celle de nos dépenses productives.

En 1880, les dépenses de la guerre étaient de...........	721.000.000
Celles de la marine et des colonies....................	200.000.000
Celles des pensions	100.000.000
Total..........	1.022.000.000

En 1905, les dépenses de la guerre sont de	690.000.000
Celles de la marine et des colonies....................	400.000.000
Celles des pensions	170.000.000
Total.........	1.260.000.000

Les dépenses de la guerre ont légèrement fléchi, pour se relever d'ailleurs l'année suivante ; mais celles de la marine ont exactement doublé, passant de 200 à 400 millions.

Les pensions militaires, en pleine paix, sont montées de 100 à 170 millions.

Dans l'ensemble des 36 dernières années, notre Ministre des Finances constate que nos dépenses militaires ont atteint le total de 42 milliards ; il ne compte pas la somme approximative de 30 milliards payés pour le service de notre dette, soit un total minimum de 70 milliards consacrés à des dépenses improductives ; il ne compte pas davantage le colossal « manque à gagner » représenté par le temps que plus de cinq cent mille jeunes gens chaque année ont passé à la caserne, soit plus de quinze millions d'hommes soustraits pendant plusieurs années à la mise en valeur du pays. Il est difficile d'imaginer pareil gaspillage de ressources et de forces ; admirons vraiment le patriotisme et la vitalité d'un pays capable d'y résister sans se plaindre, mais que notre admiration soit un motif de plus pour chercher à lui alléger son fardeau, car il faut penser aussi au surmenage, à tous les fléaux qui sont dans l'ordre social, moral et matériel, la conséquence de ce vertige de dépenses.

Afin de ne pas emprunter mes chiffres à une source unique et pour ne plus revenir sur ce point, je reproduirai le tableau suivant qu'a dressé Lord Avebury. C'est le bilan des dépenses et des forces militaires et navales des Etats d'Europe et des Etats-Unis d'Amérique en temps de paix. En ce qui concerne la Grande-Bretagne, Lord Avebury constate que le chiffre colossal de la dépense, — 65.000.000 (1 milliard sept cents millions de francs) ne comprend pas les dépenses supplémentaires pour les fortifications et autres ouvrages. Dans une discussion récente, Sir Charles Dilke affirmait, d'autre part, que bon nombre de dépenses militaires, sont payées sur des crédits d'administrations civiles, par exemple dans l'Uganda, etc.; Ce qui confirme l'observation par laquelle je signalais l'impossibilité d'évaluer exactement les dépenses militaires du monde.

BILAN DES DÉPENSES ET DES FORCES MILITAIRES des Etats d'Europe et des Etats-Unis d'Amérique. - 1905.

Pays	Hommes sous les armes	Coût annuel en francs
Etats-Unis........	107.000	1.000.000.000
EUROPE :		
Royaume-Uni.....	420.000	1.625.000.000
Russie............	1.150.000	1.162.500.000
Allemagne........	661.000	1.095.000.000
France............	620.000	1.025.000.000
Autriche-Hongrie..	384.000	475.000.000
Italie.............	305.900	425.000.000
Espagne..........	100.000	167.500.000
Norvège et Suède..	73.000	137.500.000
Turquie..........	370.000	120.000.000
Hollande.........	35.000	91.250.000
Portugal..........	34.000	65.000.000
Belgique..........	50.000	62.500.000
Suisse............	148.000	32.500.000
Grèce............	23.000	30.000.000
Danemark........	14.000	30.000.000
Bulgarie..........	43.000	25.000.000

J'ai cité lord Avebury, membre du Parlement britannique, savant d'une autorité universellement reconnue. Je pourrais citer également, parmi mes amis, des savants allemands, italiens, français, norvégiens, hollandais, belges, américains, et non pas des savants seulement ni des philosophes, mais des industriels, des commerçants, des marins, des soldats, des hommes de pensée et d'action, des hommes d'affaires. Je suis surpris moi-même du grand nombre d'adhésions que reçoivent nos protestations parmi les intellectuels de tous les pays, indépendamment des masses ouvrières.

J'ai entendu lord Avebury prendre la parole et soutenir ses idées à Paris, côte à côte avec notre illustre savant français, M. Berthelot, j'ai pensé que les gouvernements commettaient une grande imprudence en laissant à de pareils hommes l'honneur de dénoncer leur égarement.

Une chose surtout est choquante ; ce n'est pas tant l'énormité que l'insuffisance toujours affirmée des dépenses navales et militaires.

A tort ou à raison, la Grande-Bretagne a pris la tête du tableau de ces dépenses. On pourrait croire qu'elle a le droit de faire halte et de se déclarer, pour un temps du moins, satisfaite, mais non ; lord Roberts proclame que jamais l'armée britannique n'a été si insuffisante que depuis qu'elle exige tant de sacrifices. Même constatation retentissante pour la marine italienne et dans la plupart des autres pays. Quant à la France, les cuirassés et les canons du programme naval de 1900, pour l'exécution duquel on nous a demandé un effort soi-disant exceptionnel et temporaire de 800 millions, sont déclarés démodés en 1905 avant d'être achevés ; il faut recommencer le même effort et redoubler en 1906 ; on portera la puissance des futurs cuirassés au chiffre de 18,000 tonnes ; on y accumulera les complications au risque de les rendre inutilisables le jour du combat ; l'urgence est telle que le Ministre de la Marine ne fournit pour ainsi dire au Parlement aucune information concernant les plans arrêtés ; on parle du chiffre de la dépense et c'est tout ; un sénateur, M. Pichon, réclame au moins que l'on essaie le système de la turbine adopté dans d'autres pays ; peine perdue ; on ne l'écoute pas ; on vote les yeux fermés, si vite qu'on s'aperçoit trois mois plus tard, bien avant de commencer les constructions nouvelles, que leurs plans ne sont déjà plus au point. Ainsi le programme de 1900 a été démodé avant d'être achevé ; celui de 1906 l'était avant même d'être voté.

Tout cela est connu ; certains de nos écrivains et de nos orateurs ne se font pas faute d'en faire grief à notre gouvernement au lieu de s'en prendre aux entraînements inévitables du militarisme, et j'ai lieu de croire, sans vouloir offenser personne, que le mal n'est pas pire en France qu'ailleurs, bien que nous en fassions plus de bruit ; peut-être est-il moindre.

Et nous sommes en temps de paix ! Quelle serait la dépense en cas de guerre ? Comment les belligérants subviendraient-ils à leur propre existence ? Comment assurer aux armées de terre et de mer leurs approvisionnements, leurs munitions, leurs services d'ambulance ? Toutes questions posées, avec une clairvoyance prophétique, par notre ami regretté Jean de Bloch ; toutes questions nouvelles aujourd'hui que nous n'avons plus des armées mais des nations en présence; toutes questions auxquelles on comprend que personne ne peut répondre, mais si obscures, si troublantes, que les risques de la guerre l'emportent mille fois sur ses avantages aux yeux de tout homme de raison. Sans parler même du formidable inconnu de la bataille, la guerre ne résout rien; elle est toujours à recommencer et cependant on la prépare, on se ruine pour la préparer; voilà l'opinion générale. Et chacune des guerres qui, malgré les progrès de l'opinion, éclate encore par la faute des gouvernements, vient ébranler non pas la confiance populaire dans la nécessité d'une organisation pacifique, mais l'autorité gouvernementale. La guerre russo-japonaise n'a pas découragé un seul homme de bonne foi; et quand on entend l'incorrigible chauvinisme prétendre que la Russie a préparé sa défaite par les rêveries de la Conférence de la Haye, nous savons tous, hélas ! qu'elle l'eût évitée si elle était restée fidèle à son programme pacifique.

De leur côté, les Japonais, cela saute aux yeux, n'auraient pas fait la guerre si l'Europe ne les y avait pas elle-même entraînés; ils n'ont fait la guerre que pour récupérer des avantages ou des garanties que la guerre leur avait fait perdre; une politique de prévoyance et de justice en Extrême-Orient aurait prévenu les expéditions, les conflits, les révoltes, les conflagrations déchaînées. Les victoires japonaises sont la conséquence des fautes de l'Europe, mais les résultats de ces fautes ne se bornent pas à ces victoires; passons rapidement des conséquences financières du militarisme à ses conséquences sociales et politiques; là sera le véritable châtiment, si tant d'avertissements répétés sont en pure perte.

*
* *

La révolte

On n'empêchera pas l'opinion de voir dans la révolution russe la plus éloquente des leçons de choses. Désormais, ces deux mots : guerre et révolution, sont inséparables. La guerre est la préface, elle a été, dans le cas actuel, l'école de la révolution. On assure que ceux des soldats russes qui sont rentrés dans leurs foyers, sans compter les veuves, les orphelins et les mères abandonnées, sont devenus autant d'apôtres de la révolution, et qu'ainsi une mobilisation à rebours s'est opérée avec une exactitude si parfaite que pas un village n'a pu échapper à la contagion, puisqu'il n'est pas un village qui n'ait eu des enfants sous les drapeaux. Mais laissons l'hypothèse de la guerre et bornons-nous aux seuls effets de la paix armée, telle qu'elle subsiste; elle suffira vite à discréditer les gouvernements s'ils s'obstinent à en assumer l'impopularité. Une opposition se formera dans tous les pays contre leur inaction.

Les élections générales récentes en Angleterre et en France ont manifestement donné une écrasante majorité aux partisans d'une limitation des charges militaires. Ces partisans gagnent partout du terrain. En Allemagne, le nombre des socialistes et des radicaux a considérablement augmenté au Reichstag.

D'une façon générale, on peut affirmer que les progrès des partis les plus avancés dans tous les pays sont en proportion de l'accroissement des charges improductives. Ces partis, quel que soit leur nom, ne voient dans le système de la paix armée qu'une diversion pour empêcher les peuples de réclamer des réformes ; car, une fois d'accord, il est évident que les peuples ne manqueront pas de niveler leurs progrès les uns d'après les autres, c'est à dire d'après les progrès du peuple le plus favorisé.

Déjà, une diffusion suffisante des connaissances et des idées s'opère sur toute la surface du globe pour que chacun puisse comparer ses charges et celles d'autrui, et c'est une sorte de poussée générale instinctive qui aura raison de l'excès général de ces charges.

Chacun se rend compte que la limitation des armements aurait peu à peu pour colloraire la réduction des heures de travail, la réduction du prix des denrées, la mise en valeur du pays, l'amélioration des transports, de l'instruction, de l'hygiène, l'adoption des lois d'assistance sociale ; on suppute ce qu'un pays pourrait construire de chemins de fer, de ponts, de ports, de machines, d'écoles et de musées avec une partie seulement de l'argent qu'il consacre aux budgets de la guerre et de la marine ; on pense aux ouvriers qui font défaut à l'atelier et dans les champs. Chacun aussi mesure les progrès des mondes nouveaux et l'étendue de leurs privilèges.

On sait bien à quoi tiennent ces privilèges et pourquoi, n'ayant pas nos charges, ils produisent à meilleur compte et vendent à meilleur marché. En vain essaie-t-on d'élever des barrières de douane ; les guerres de tarifs aggravent encore l'âpreté des luttes économiques ; les antagonismes sociaux sont avivés par les antagonismes internationaux ; et peu à peu s'acclimate cette idée, ce besoin d'une société nouvelle qui se dresse dans l'imagination populaire en face de la société actuelle, et la question se pose de savoir si les gouvernements favoriseront ou non cette évolution, s'ils seront les auxiliaires qu'il faut soutenir ou les obstacles qu'il faut renverser.

Cette question, il dépend des gouvernements de la résoudre à leur honneur, et cela dépend grandement aussi de l'éducation de l'opinion et par conséquent de nous-mêmes.

Pour ma part, je me refuse à toute conclusion pessimiste. Aucun mauvais sentiment préconçu n'anime les masses populaires, dans aucun pays ; si elles s'exaspèrent à la longue et finissent par perdre patience, elles sont reconnaissantes, en revanche, du moindre progrès, d'où qu'il vienne, de la moindre sympathie témoignée à leurs intérêts, pourvu que cette sympathie soit sincère, et qu'elle ne s'exprime pas trop tard. Qu'on se rappelle l'enthousiasme universel qui accueillit la création de la première Conférence de La Haye. C'était vraiment l'ouverture d'une ère nouvelle pour l'opinion.

Qui donc, plus tard, en 1903, — après quelle crise ! — qui donc a reçu le roi d'Angleterre à Paris, si ce n'est le peuple républicain. Et quelle était la signification de cet accueil si impressionnant ? c'est que le peuple rendait justice à l'œuvre courageuse d'apaisement que le Roi venait accomplir ; c'est que le peuple reconnaissait son rêve dans cette œuvre et qu'il était heureux de voir ce rêve enfin vivant. Et quiconque souverain, chef d'Etat ou ministre étranger, est venu, depuis lors, dans les mêmes dispositions, a trouvé le même accueil, à Paris et dans toute la France.

Ce n'est donc pas par la résistance aveugle que les gouvernements conserveront leur autorité ; c'est par leur intelligence, par leur promptitude à comprendre les aspirations populaires. Ceux d'entre eux qui sauront se rendre à cette évidence hériteront dans l'histoire de toute la place réservée jadis aux conquérants, et leur pays leur devra plus que des lauriers, la prospérité.

CONCLUSION

J'ai terminé. Ma conclusion est volontairement très modeste. Je ne demande pas, personne d'entre nous ne demande le désarmement ni même, pour l'instant, la réduction des armements, mais nous sommes tous certains que la limitation des dépenses navales et militaires est un acte raisonnable, un acte de patriotique prévoyance pour les Gouvernements de tous les pays, sans exception.

En vain m'objectera-t-on que cette limitation concertée est difficile et que je n'ai même pas indiqué sur quelles bases ni par quels moyens elle pourrait se faire : où sera la commune mesure ? Quel compte faudra-il tenir à la fois, de la superficie des Etats, de l'étendue et de la vulnérabilité de leurs frontières et de leurs côtes, du chiffre de leur population, de leur puissance économique et financière, de l'importance de leurs colonies ? Quelle serait aussi la sanction d'un accord, s'il s'établissait ?

Que nos contradicteurs se rassurent; les bases et les moyens d'une limitation générale se trouveront si les puissances veulent consentir à les chercher de bonne foi ; mais ont-elles essayé ?

Non, cette étude est encore à faire ; on s'en est tenu jusqu'ici aux habituelles négations toujours opposées aux soi-disant rêves de progrès ; on attend que l'opinion l'impose pour l'entreprendre. et c'est pourquoi nous devons nous adreaser à l'opinion plutôt qu'aux gouvernements. Si nous commençons par les gouvernements, ils nous opposeront leur impuissance ou bien ils renverseront les rôles ; ils nous demnnderont de substituer notre action à la lèur et de leur indiquer nous-mêmes les solutions que nous les pressons de trouver. Nous ne commettrons pas cette erreur puérile de suggérer, dans l'état actuel des esprits, une formule, un système dont il serait trop facile aux gouvernements de faire ressortir les points faibles, pour rester dans le *statu quo*, car il n'est pas de système au monde qui puisse tenir lieu du bon vouloir des guuvernements.

Les systèmes ne manqueront pas pour limiter d'un commun accord les armements, sans imprudence et sans injustice ; mais l'essentiel, le plus difficile à trouver, c'est le bon vouloir nécessaire pour que cette limitation devienne une réalité et non une déception de plus après tant d'autres. On pourra s'entendre, à La Haye, sur un principe, mais cette entente ne sera vraiment efficace que le jour où les gouvernements auront compris que leur intérêt est de l'appliquer ; le jour où chaque peuple aura découvert qu'il s'affaiblit au lieu de se fortifier par des dépenses disproportionnées avec ses ressources. Cette découverte est tellement simple qu'elle se fera comme par enchantement, en quelques années, quelques mois peut-être, dans l'esprit des peuples aujourd'hui rapprochés. Et c'est notre rôle d'y travailler, pour qu'elle tarde le moins possible ; ne nous en laissons pas détourner par de vains défis. N'allons pas fournir aux gouvernements des échappatoires en nous chargeant de leur besogne. Notre rôle est de stimuler, et non d'usurper la fonction gouvernementale ; notre rôle est de créer une opinion, ou mieux de révéler à tous les peuples qu'ils n'ont entre eux tous qu'une seule et même opinion ; et que cette opinion, les gouvernements doivent se concerter, s'ingénier, pour lui obéir.

Est-donc là un rôle stérile ? Je le crois, au contraire, indispensable, décisif. Si nous parvenons à persuader l'opinion, tout le reste ira de soi. Il sera même indifférent que l'on arrive ou non à un accord général des gouvernements. La volonté bien arrêtée, chez plusieurs peuples, de mettre un terme à leurs mutuels accroissements de dépenses militaires suffira pour déterminer, mieux encore que l'accord, l'arrêt général. La bonne volonté sincère de quelques-uns sera plus efficace que la défiance de tous. Un courant initial s'établira ; sa force sera telle qu'aucun gouvernement ne pourra songer à le contrarier ; et, en admettant même, pour pousser les choses à l'extrême, qu'un gouvernement voulût assumer la responsabilité d'une résistance aussi anachronique, aussi aveugle, il s'userait et à l'intérieur et à l'extérieur, sans qu'il soit besoin, comme le prétendent nos adversaires, de lui déclarer la guerre ; il se détruirait lui-même.

Pour tout dire, nous devons, certes, exiger et obtenir que la question de la limitation soit inscrite au programme de la seconde conférence de La Haye ; ce sera consacrer officiellement son existence, son actualité, sa gravité.

Cette consécration sera pour nous tous un encouragement ; elle aura l'avantage aussi de mettre en éveil l'opinion ; elle constituera une sorte de déclaration d'urgence réclamée par nous et officiellement acceptée ; mais elle ne suffira pas. Il ne suffira pas que la question de la limitation soit inscrite ; il faut qu'elle soit étudiée ; sinon les gouvernements, même de bonne foi, ne sortiront pas du cercle vicieux de leur impuissance ; la question de la limitation sera non pas résolue, mais éludée dans des conditions dérisoires qui exaspèreront l'opinion.

J'en parle sans pessimisme, tout au contraire en optimiste qui a vu les choses de près et qui se refuse à renouveler des expériences déjà faites, condamnées d'avance à échouer. Nous ne pouvons pas oublier que déjà, en 1899, la question a été inscrite au programme de la Conférence et même en tête du programme sans autre résultat qn'un ajournement sommaire. Pourquoi ? Reconnaissons-le honnêtement : parce que l'opinion était encore dans une ignorance complète ; parce que notre protestation n'était pas organisée ; parce que la question de la limitation était trop nouvelle, trop inconnue et n'avait fait l'objet d'aucun effort de pensée. Des personnalités d'élite, dans plusieurs pays, avaient étudié les moyens de résoudre juridiquement les conflits internationaux ; la question de l'arbitrage passionnait depuis longtemps les meilleurs esprits ; des expériences mémorables, éminemment heureuses et fécondes, avaient été faites dans cette voie par les gouvernements eux-mêmes, à commencer par celui de M. Glastone ; on ne pouvait tenir pour non avenus des précédents tels que l'affaire de l'Alabama, le traité italo-argentin ; mais la limitation des armements, quelle différence ! Personne, pas un seul des gouvernements, pas un seul de leurs représentants, même les plus dévoués, ne s'était hasardé à chercher la clef du problème ; ce problème, d'un intérêt universel, échappait aux méditations de la pensée universelle ; la politique le considéraii comme insoluble, et la science comme indifférent, — puisque sa solution dépendait du caprice ou des combinaisons gouvernementales – alors qu'il ne cessera d'être insoluble qu'après avoir cessé d'être indifférent. D'autre part, le mal de la paix armée était encore accepté, même avec ses excès, comme un mal nécessaire au maintien de la paix du monde ; la discipline patriotique s'imposait dans chaque Etat avec trop de rigueur pour que la recherche d'un remède n'eût pas l'apparence d'une faiblesse et d'une imprudence. Les protestations étaient rares et sans portée ; on se plaignait plutôt qu'on ne protestait.

En réalité, l'étude de la limitation n'était pas libre ; elle était subordonnée à l'éducation des esprits, au progrès de la pacification générale ; elle ne pouvait venir qu'à son tour, après l'acclimation de l'arbitrage.

Voilà pourquoi la conférence de 1899 modifia le plan de ses travaux. Pour ne pas aboutir à un avortement scandaleux en bornant son activité à l'ajournement de la limitation et à quelques objets secondaires; pour satisfaire aussi à de généreuses et sages aspirations, elle s'attaqua au problème d'une juridiction permanente internationale; elle créa la cour de La Haye. Il lui fallut payer ce résultat considérable par trois mois de discussions scabreuses, passionnées, presque quotidiennes; il lui fallut surmonter des résistances opiniâtres, calmer des exigences irréfléchies. Il lui fallut réduire à ses proportions véritables la fameuse question, grossie, à plaisir, de la sanction. La sanction, qu'on nous accuse toujours de perdre de vue, manquait alors, bien entendu, comme elle manque encore, à la nouvelle juridiction internationale. On nous objectait cette lacune, comme on nous l'objecte aujourd'hui. La Cour de La Haye, pourtant, s'est imposée, sans que nous ayons chargé aucune gendarmerie d'assurer l'exécution de ses sentences. Nous nous sommes contentés de l'opinion et de l'autorité morale qu'elle met su service de la justice, Nous sommes-nous trompés? Qui donc prétendra qu'un gouvernement pourrait impunément, aux yeux du monde, refuser de se soumettre au jugement du Tribunal qui l'aurait condamné et décliner sa compétence après l'avoir acceptée? De même un gouvernement qui ferait échec à la limitation des armements ou qui violerait les règles de cette limitation, après y avoir consenti, encourrait un blâme redoutable: il se mettrait en fausse posture et grouperait contre lui trop de chances adverses.

Les sanctions morales de la limitation, comme celles de l'arbitrage, seront plus efficaces que les sanctions matérielles, si on les trouve; en tous cas, les sanctions morales sont toutes trouvées; elles existent (1) dans la conscience des peuples aujourd'hui voisins, renseignés; leur puissance s'affirme de jour en jour; n'attendons pas d'avoir trouvé mieux; attachons-nous seulement à bien faire connaître la question avant la nouvelle conférence de La Haye. Soyons sur nos gardes. Cette conférence, si elle échoue, peut détruire en partie les espérances que la première avait fait naître. Certains de nos adversaires

---

(1). Il est vraiment déraisonnable de compter pour rien l'opinion et de compter pour tout la loi, alors qu'on voit constamment l'opinion faire, défaire et refaire les lois. Sous prétexte que les lois ne sont pas toujours obéies et encore moins éternelles, allons-nous renoncer à en faire ? Non, admettons donc qu'il y a des lois éphémères et des verdicts effectifs de l'opinion ; et ne considérons pas comme négligeables les sanctions de l'opinion.

D'ailleurs l'objection de l'insuffisance de sanction opposée par les soi-disants *« bons esprits »* à nos tentatives d'organisation de la justice internationale et de limitation des armements n'est autre chose qu'un argument dilatoire comme tous les autres ; la vérité est qu'il ne faudrait rien changer, rien améliorer, pour obtenir l'approbation des dits « bons esprits » L'un des meilleurs, — Charles Benoist pour qui j'ai un faible parce qu'il fait exception à la règle, — Charles Benoist lui-même lequel ne manque pas une occasion d'exercer toute sa malice aux dépens de mes « généreuses chimères », Charles Benoist enfin quand il parle de cette

escomptent déjà le terrain que nous pourrions perdre par une manifestation manquée ; ils s'égaient à la pensée du bon tour que les gouvernements joueraient à la Conférence en lui confiant une tâche prématurée, impossible. Convoquer la Conférence de La Haye pour qu'elle se discrédite elle-même ; la rendre responsable d'un avortement qu'elle ne pourrait pas éviter, quel dénouement inespéré ! Charger la Conférence d'enterrer la limitation, quel coup double !

C'est pourtant ce double fiasco qui nous attend si nous commettons la folie d'aller une seconde fois a La Haye sans étude, sans méditation, sans préparation préalable. Et cette fois la Conférence n'aura plus la ressource comme en 1899, d'aiguiller ses travaux sur un autre article de son programme ; tous les autres articles seront insignifiants auprès de la limitation attendue par le monde entier.

---

sanction de l'opinion dont ses amis m'interdisent de faire état en faveur de ma thèse, s'exprime ainsi, en 1894, dans son livre sur « la politique » : pages 54 et 55.

« L'opinion publique organisée est, dès à présent, (en « 1894), et sera de plus en plus douée d'une puissance de « fait que l'on ne saurait s'exagérer. Par elle, il s'est « produit dans le monde politique une révolution comparable « à celle qu'ont produite dans le monde économique les « applications de la vapeur et de l'électricité. ».

Dans le même ouvrage, Charles Benoist, invoque cette opinion de Sumner Mayne à propos des coups d'Etat.

Un coup d'Etat devient-il légal quand il réussit ? Oui, devraient dire les avocats de la sanction. Eh bien ! non, répond Charles Benoist. Et quelle est la sanction réelle qu'il oppose à la prétendue légalité ? La désapprobation du peuple, la disgrâce de l'opinion. (*Ibid*, p. 55).

Elle sera réduite à proclamer elle-même son impuissance, à se déclarer en faillite.

Si le temps nous manque pour préparer l'opinion d'ici l'an prochain, mieux vaudrait repousser à 1908 la réunion de la Conférence, plutôt que de la convoquer pour sa perte. Hâtons-nous, en tout cas, de provoquer l'enquête, d'organiser l'agitation qui doivent précéder une délibération aussi grave. N'admettons pas que cette délibération puisse être improvisée ; adressons-nous à la conscience et à la raison de ceux-là mêmes qui considéraient auparavant comme un devoir patriotique ou comme une nécessité de se désintéresser de la question. Faisons appel, chacun chez nous, à nos mandants, à ceux qui nous ont chargés de les représenter, et qui nous ont donné leur confiance ; faisons appel chacun chez nous, à la presse et montrons-lui la popularité de bon aloi et de bon rapport qu'elle peut s'acquérir en nous secondant ; faisons appel, enfin, à nos divers Parlements, chacun au Parlement dont il est membre. J'en reviens, en un mot, à la préoccupation qui m'animait en commençant ce rapport : Toute action internationale doit être soutenue par une préparation nationale. Que chacun de nous multiplie ses efforts pour que la question de la limitation soit mûrie, devienne familière à une large élite de la pensée avant d'être livrée aux diplomates. Que chaque Etat commence par étudier la question, pour sa part, s'il a vraiment l'intention de la résoudre avec les autres ; ce sera déjà une indication ; que la Conférence de La Haye soit mise en présence d'un certain nombre de projets élaborés ; qu'on lui donne l'embarras du choix entre un projet français, un projet anglais, un projet américain, un projet allemand, italien, etc. ; qu'il y ait autant de projets que de pays, pour ainsi dire, et qu'elle n'ait plus qu'à les concilier : l'accord des diverses études nationales sera possible, le conflit des ignorances nationales serait certain.

Je le répète, il y a urgence ; l'opinion se lasse ; elle sent qu'on aboutirait si on voulait ; elle nous saura gré d'être ses interprètes et de protester pour elle ; n'attendons pas qu'elle se révolte. Je considère comme un privilège pour le Groupe parlementaire français de l'Arbitrage, que son président ait été appelé à l'honneur de formuler devant vous, Messieurs, cette protestation.

D'ESTOURNELLES DE CONSTANT.

P. S. — La lecture de ce Rapport, a été suivie d'une importante discussion générale à laquelle ont pris part les principaux délégués des divers Parlements représentés à la Conférence, notamment M. Messimy (France), M. Beernaert (Belgique), M. Robertson (Angleterre), le marquis Marius Compans (Italie), le professeur Eickoff (Allemagne), M. Th. Burton (États-Unis).

La discussion générale étant close, la Conférence a chargé le Conseil international de l'Union de rédiger un ordre du jour qui fut présenté le lendemain 25 juillet, par M. d'Estournelles, en séance plénière, et adopté à l'unanimité.

Voici le texte de cet ordre du jour :

« La Conférence interparlementaire, considérant que l'accroissement des dépenses navales et militaires qui pèsent sur le monde est universellement reconnu comme intolérable, émet formellement le vœu que la question de la limitation des armements soit inscrite au programme de la prochaine conférence de La Haye.

« La Conférence décide que chaque groupe faisant partie de l'Union interparlementaire saisira sans délai de cette résolution le gouvernement de son pays, et qu'il exercera son action la plus pressante sur le Parlement auquel il appartient pour que la question de la limitation soit l'objet d'une étude nationale nécessaire au succès ultérieur de la discussion internationale. »

Discours de M. MESSIMY

Député de Paris

Messieurs,

Notre honorable président, Lord Weardale, vient de me présenter à vous comme rapporteur du budget de la guerre dans mon pays. Je tiens à déclarer, tout d'abord, que ce n'est pas en cette qualité que jeprends la parole, mais comme simple député, et comme secrétaire du Groupe Parlementaire de l'Arbitrage Français.

Le XIXe siècle finissant entendait formuler à La Haye, par les diplomates délégués de tous les Gouvernements civilisés, des vœux méritoires et éloquents en faveur de la limitation des armements; un simple coup d'œil jeté sur les budgets des différents pays démontre combien ces vœux sont restés, d'une façon générale, vains et purement platoniques.

J'éprouve une véritable appréhension à mettre sous les yeux des distingués représentants de tous les Parlements, qui sont ici, des chiffres qui sont beaucoup mieux connus d'eux-mêmes que de moi, et, d'avance, je m'excuse des inexactitudes qui pourraient y être relevées. Rien n'est plus malaisé, en effet, que de tenter de rendre comparables entre eux des budgets dont la contexture est souvent très différente; rien n'est plus difficile, en particulier, que de retrouver dans les différents budgets les dépenses provenant soit de l'allocation de pensions aux anciens militaires, soit de l'occupation et de la défense des colonies lointaines, soit de l'entretien de corps semi-militaires et semi-civils, comme la gendarmerie.

Je crois pouvoir dire pourtant que, en vous présentant le tableau des dépenses militaires en 1901, première année du XXe siècle, et à l'heure présente, je n'aurai pas commis d'erreurs trop grossières ; et surtout je crois pouvoir affirmer que les chiffres relatifs aux accroissements de dépenses dans ces six années sont, dans leur ensemble, aussi rapprochés que possible de la vérité, tout en étant tous, sans exception, très sensiblement inférieurs à la réalité.

Vous trouverez, Messieurs, dans les tableaux ci-dessous :

1° Les chiffres des budgets militaires — guerre et marine — dans les différents pays parlementaires, en 1901 et en 1906 ;

2° La différence, calculée en francs, des budgets militaires à ces deux dates ;

3° La moyenne, calculée également en francs, des accroissements annuels moyens des dépenses militaires pendant cette période de six années.

ALLEMAGNE

1901

DÉPENSES ORDINAIRES

Guerre........	541.758.000 mk.	(Le mark à 1 fr. 25).	
Marine........	73.938.000		
Invalides......	30.076.000		(1)
Ensemble.	645.772.000 mk.	ou	807.000.000 fr.

(1) Plus 272.718 mille marks pour le budget extraordinaire ; nous ne saurions préciser la part des dépenses de guerre dans ce budget extraordinaire.

1906

DÉPENSES ORDINAIRES

Guerre........	704.510.000		
Marine........	215.091.000		
Invalides......	35.317.000		(2)
Ensemble.	954.918.000 mk.	ou	1.194.000.000 fr.

En résumé :

Accroissement en six années (minimum, non compris les budgets extraordinaires) :

Guerre..............	203	millions de francs.
Marine.............	141	—
Ensemble (3)....	**344**	millions de francs.

Moyenne annuelle d'accroissement :

Guerre..............	33	millions de francs.
Marine..............	23	—
Ensemble.......	57	millions de francs.

ANGLETERRE

1899-1900 (4)

Budget de la Guerre.	20.617.200 £		
Budget de la Marine.	26.594.500 £		(4)
Ensemble......	47.211.700 £	ou	1.185.292.000 fr.

---

(2) Plus le budget extraordinaire qui est de 259 millions de marks, mais qui n'indique pas la part afférente aux budgets de guerre. Ce total ne comprend pas, non plus, la plus grande partie des pensions militaires, pas plus que les dépenses relatives à la gendarmerie.

(3) Abstraction faite des dépenses militaires aux colonies, et en particulier des dépenses faites dans la guerre actuelle au Damaraland (ouest-africain), et qui sont en croissance considérable.

(4) Nous avons dû prendre le budget 1899-1900 comme terme de comparaison, au lieu du budget 1900-1901, comme dans les autres pays, parce que ce dernier est grevé de très lourdes dépenses extraordinaires de la guerre du Transvaal.

1905-1906

Budget de la Guerre.	29.813.000 £		
Budget de la Marine.	33.389.000 £		(5)
Ensemble......	63.202.000 £	ou	1.585.000.000 fr.

En résumé :

Accroissement des dépenses militaires en sept années :

Guerre..........................	230.000.000 fr.
Marine..........................	170.000.000 fr.
Ensemble.............	**400.000.000** fr.

Moyenne de l'accroissement annuel :

Guerre....................	33	millions de francs.
Marine....................	24	—
Ensemble..........	57	millions de francs.

Il faut, en outre, noter que le budget 1906-1907 contient des preuves manifestes du désir de l'Angleterre de donner au monde le signal de la réduction des armements. Le budget de la marine est en réduction de 3 millions de £ (75 millions de francs) sur le précédent ; et pour ce qui est de celui de la guerre, si M. Haldane arrive à triompher des résistances qui lui seront opposées, il se présentera certainement dans les prochaines années avec des réductions importantes.

(5) Non compris les dépenses militaires dans les colonies, et en particulier non compris les dépenses de l'armée des Indes.

AUTRICHE-HONGRIE

1901

Budget commun :

Guerre	Ordinaire......	273.459.000 c.	298.627.000 c.
	Extraordinaire.	25.168.000 c.	
Marine	Ordinaire........	28.521.000 c.	43.490.000 c.
	Extraordinaire...	14.969.000 c.	
			342.117.000 c.
Budget autrichien....................			59.194.000 c.
Budget hongrois....................			36.568.000 c.
			437.879.000 c.
		ou	459.772.000 f.

(la couronne à 1 f. 05)

1906

Budget commun :

Guerre	Ordinaire......	282.259.000 c.	301.899.000 c.
	Extraordinaire.	19.640.000 c.	
Marine	Ordinaire......	42.869.000 c.	51.025.000 c.
	Extraordinaire.	8.156.000 c.	
Dépenses militaires extraordinaires.....			113.597.000 c.
— — — de Bosnie.			7.583.000 c.
			474.104.000 c.
Budget autrichien....................			66.124.000 c.
Budget hongrois....................			38.529.000 c.
			578.757.000 c.
		ou	607.794.000 f.

En résumé :

Accroissement en six années.	**148.022.000 fr.**
Moyenne actuelle................	24.670.000 fr.

ESPAGNE

1901

Guerre.......................	148.993.000 pesatas.
Marine.......................	27.686.000 —
	176.679.000 —

1905 (1)

Guerre........................	146.527.000 pesatas.
Marine........................	33.534.000 —
	180.061.000 —

En résumé, en 5 ans :

Guerre : diminution..........	2.466.000 pesatas.
Marine : accroissement........	5.848.000 —
Ensemble : accroissement..	**3.382.000** —

Moyenne de l'accroissement annuel :

Marine........................	1.169.000 pesatas.
Total	676.000 —

FRANCE

1901

Budget de la Guerre.............	743.000.000 fr.
Budget de la Marine.............	328.000.000 fr.
(2)	1.071.000.000 fr.

1906

Budget ordinaire de la Guerre.......	723.000.000 fr.
Budget extraordinaire de la Guerre...	80.000.000 fr.
Budget de la Marine................	325.000.000 fr.
(2)	1.128.000.000 fr.

Accroissement des dépenses militaires en six années :

Guerre........................	60.000.000 fr.
Marine........................	3.000.000 en moins
Ensemble.....	**57.000.000 fr.**

Moyenne de l'accroissement annuel :

Guerre........................	10.000.000 fr.
Marine	(Reste stationnaire avec tendance à décroître).
Ensemble.......	10.000.000 fr.

(1) Nous n'avons pu nous procurer les chiffres du budget de 1906.

(2) Non compris les dépenses de défense des colonies lointaines, et les pensions militaires.

ITALIE

1901

Budget ordinaire.......	Guerre......	264.893.000 fr.
	Marine......	117.408.000 »
Budget extraordinaire..	Guerre......	6.266.000 »
	Marine......	4.976.000 »
Ensemble.............		393.543.000 fr.

1906

Budget ordinaire.......	Guerre......	266.045.000 fr.
	Marine......	119.828.000 »
Budget extraordinaire..	Guerre......	16.000.000 »
	Marine......	7.408.000 »
Ensemble.............		409.281.000 fr.

En résumé, accroissement en six années :

Guerre..........................	11.200.000 fr.
Marine..........................	5.000.000 »
Ensemble.......	**16.200.000 f.**

Moyenne annuelle d'accroissement :

Guerre..........................	2.000.000 fr.
Marine..........................	1.000.000 »
Ensemble.........	3.000.000 fr.

RUSSIE

1901

Guerre.........	324.024.000 r.	(le rouble calculé 2 f. 66).	
Marine.........	93.597.000 r.		
	417.621.000 r.	ou	1.110.871.000 fr.

1906

Guerre.........	374.855.000 r.		
Marine.........	104.079.000 r.		
	478.934.000 r.	ou	1.273.963.000 fr.

(Sans compter 405.000.000 de roubles au budget extraordinaire pour la liquidation des dépenses de la guerre).

En résumé :

Accroissement en six années :

Guerre	135.210.000 fr.
Marine	27.882.000 fr.
Ensemble	**163.092.000 f.**

Moyenne de l'accroissement annuel :

Guerre	22.535.000 fr.
Marine	4.647.000 fr.
Ensemble	27.182.000 fr.

BELGIQUE

1901

Guerre	55.339.000 fr.

1906

Guerre	94.646.000 fr.
Accroissement en six ans	**39.307.000** fr.
Moyenne annuelle	6.550.000 fr.

HOLLANDE

1901

Guerre	22.716.000 florins (à 2 fr. 09).	
Marine	16.657.000 —	
	39.373.000 florins	ou 82.289.000 fr.

1906

Guerre	27.312.000 florins.	
Marine	17.267.000 —	
	44.579.000 florins	ou 93.170.000 fr.

En résumé :

Accroissement en six années

Guerre	9.605.000 fr.
Marine	1.274.000 fr.
Total	**10.881.000 f.**

Moyenne de l'accroissement annuel.

Guerre	1.600.000 fr.
Marine	212.000 fr.
Total	1.812.000 fr.

DANEMARK

1901

Guerre............	10.947.000 c.	(la couronne 1 f. 39)	
Marine............	7.867.000 c.		
	18.814.000 c.	ou	26.151.000 fr.

1906

Guerre.............	11.449.000 c.	ou	25.653.000 fr.
Marine.............	8.007.000 c.		
	18.456.000 c.	ou	25.653.000 fr.

En résumé en six années :

Guerre.. (Augmentation).	502.000 c.	ou	697.000 fr.
Marine.. (Diminution)....	860.000 c.		1.195.000 fr.
Ensemble..........(Diminution).			498.000 fr.
Moyenne de la diminution annuelle....			83.000 fr.

Les pensions ne sont pas comprises.

GRÈCE

1901

Guerre........................	18.398.000 drachmes.
Marine........................	7.824.000 —
	26.222.000 drachmes.

1906

Guerre........................	20.186.000 drachmes.
Marine........................	6.743.000 —
	26.929.000 drachmes.

En cinq ans :

Guerre.......(Augmentation).	1.788.000 drachmes.
Marine....... (Diminution)...	1.081.000 —
Ensemble (Augmentation).	**707.000 drachmes**
Moyenne de l'augmentation annuelle.	140.000 drachmes.

PORTUGAL

1900-1901

Guerre...........	5.950.000 mil.	(les milreis à 5 f. 55)	
Marine et colonies.	4.377.000 »		
	10.327.000 mil.	ou	57.314.000 fr.

1905-1906

Guerre.............	7.069.000 mil.		
Marine.............	3.495.000 »		
	10.564.000 mil.	ou	58.630.000 fr.

Dans ce budget les colonies sont comptées **à part** pour 1.064.000 milreis ou 5.905.000 fr., qui s'ajoutent au chiffre ci-dessus, et le portent à 64.535.000 fr.

En six années, accroissement total : 7.221.000 francs.

ROUMANIE

1901-1902

Guerre...................... 41.560.000 leï (= 1 fr.)

1906-1907

Guerre...................... 44.549.000 leï (= 1 fr.)

Accroissement en six années : 2.989.000 fr.

Moyenne annuelle : 500.000 fr.

SERBIE

1901

Guerre.................... 17.602.000 dinars (= 1 fr.)

1906

Guerre.................... 20.311.000 dinars (= 1 fr.)

Accroissement en six ans : 2.709.000 fr.

Moyenne annuelle : 450.000 fr.

BULGARIE

1900

Guerre.............................. 20.773.000 fr.

1906

Guerre.............................. 27.821.000 fr.

Accroissement en sept ans : 7.048.000 fr.

Moyenne annuelle : 1.000.000 fr.

SUISSE

1901

Dépenses militaires.................. 28.120.000 fr.

1906

Dépenses militaires.................. 32.775.000 fr.

Accroissement en six ans : 4.655.000 fr.

Accroissement annuel : 770.000 fr.

ÉTATS-UNIS

1901

Guerre..............	134.774.000 $	(Le dollar : 5 fr.)	
Marine..............	55.953.000 $		
	190.727.000 $	ou	953.000.000 fr.

1906

Guerre..............	122.175.000 $		
Marine..............	117.550.000 $		
	239.725.000 $	ou	1.188.000.000 f.

En résumé :

Situation en cinq années :

Guerre : diminution..................	63 millions.
Marine : accroissement................	308 —
Ensemble : accroissement.........	**245** millions.

Moyenne annuelle :

Guerre : diminution................	12.600.000 fr.
Marine : accroissement.............	61.600.000 fr.
Ensemble : accroissement........	49.000.000 fr

JAPON

1901

Guerre..........	37.309.000 yens (Le yen : 2 f. 55).
Marine..........	17.513.000
	54.822.000 yens ou 139.800.000 fr.

1906

Guerre..........	39.495.000 yens
Marine..........	23.955.000
	63.450.000 yens ou 161.797.000 f.

Sans compter la liquidation des dépenses de guerre : 238.000.000 yens.

En résumé :

Accroissement en six années :

Guerre............................	5.600.000 fr.
Marine............................	16.400.000 »
Ensemble............	**22.000.000 f.**

Moyenne de l'accroissement annuel :

Guerre............................	920.000 fr.
Marine............................	2.730.000 fr.
Ensemble............	3.650.000 fr.

Pour les nations considérées (1) l'accroissement total de 1901 (6.652 millions) à 1906 (8.150 millions) a été de **1.498 millions.**

---

(1) Nous regrettons de n'avoir pu comprendre dans ce tableau, déjà long, les budgets des Républiques du sud et du centre de l'Amérique, chiffres que nous n'avons pu nous procurer.

Pour les seules nations parlementaires de l'Europe les chiffres sont les suivants :

5.459 millions en 1901.
6.710 millions en 1906.

soit un accroissement total, en six années, pour l'Europe seulement, de 1.250 millions.

L'accroissement moyen annuel est, pour l'ensemble des pays du vieux continent, de plus de 205 millions, *et pourtant les chiffres que nous avons indiqués sont, je le répète, très loin de comprendre la totalité des dépenses militaires.*

Si l'accroissement de ces dépenses continue, en 1920 elles dépasseront de beaucoup dix milliards. En 1940, elles atteindront quinze milliards.

L'examen des tableaux ci-dessus suggère, dès l'abord, deux observations principales :

I. — Le grand et noble pays qui nous offre aujourd'hui une large et amicale hospitalité est celui qui, le premier, a su et voulu s'opposer au dangereux et constant accroissement des dépenses militaires. Le budget naval anglais se présente, dès maintenant, avec une réduction très importante de 75 millions de francs, et il est infiniment probable — si nous en croyons les débats de la Chambre des communes — que des réductions analogues et équivalentes sur le budget de la guerre sont prochaines.

Après avoir été pendant plus de deux siècles le pays dont les institutions parlementaires servaient de modèle aux peuples venus après elle au « Self government », le Royaume Uni paraît aujourd'hui décidé à donner au monde le signal d'une politique nouvelle ; le bon sens, le raisonnement et le sentiment sont d'accord pour nous faire espérer que toutes les autres nations suivront l'Angleterre dans la voie dans laquelle elle entre aujourd'hui.

II. — L'Italie, d'autre part, occupe parmi les grandes puissances une situation absolument à part. Non seulement ses budgets de guerre n'ont, en six ans, été l'objet que d'accroissements relativement minimes (moins de 16 millions en six ans), mais encore le Gouvernement et le Parlement italiens paraissent déterminés à entrer vigoureusement dans la voie de la réduction des dépenses de cet ordre.

Je crois être l'interprète de l'immense majorité de mes collègues français en affirmant que nulle puissance n'est plus disposée que la République française à entrer dans la voie de cette réduction *concertée* des budgets militaires.

En ce qui concerne la question plus simple que je voudrais soumettre aujourd'hui à votre examen, celle de *l'arrêt définitif et absolu de tout accroissement nouveau des dépenses de guerre*, je suis autorisé par tous mes collègues ici présents, à déclarer que le Parlement français est, en immense majorité, absolument et entièrement favorable à toute proposition de ce genre *loyalement faite, loyalement acceptée et loyalement appliquée*.

J'ai eu l'honneur, en 1904, d'être rapporteur du budget de la marine à la Chambre des Députés (je vous ferai, en passant, remarquer que ce budget a, depuis 1901, subi en France des réductions appréciables) ; je suis actuellement rapporteur du budget de la guerre (et je vous prie également de noter que le plus grand nombre des accroissements de ce budget sont dus à des événements passagers et à des circonstances spéciales, et ne doivent pas se poursuivre). Je n'ai nullement à me présenter ici autrement que comme simple député; mais si je rappelle ainsi les fonctions de contrôle que j'ai eu deux fois l'honneur d'exercer, c'est simplement pour affirmer, plus énergiquement encore, que presque tous ceux qui, chez nous, s'occupent spécialement des questions de cet ordre verraient intervenir avec joie un arrêt concerté et général des dépenses militaires dans les différents pays.

Je ne dis pas qu'on ne rencontrerait pas quelques opposants, mais ils seraient assurément peu nombreux. Il en sera toujours dans tout pays, et de deux sortes, à toute proposition de ce genre : d'une part ceux qui, fournisseurs d'approvisionnements ou fabricants d'instruments, de machines, d'armes, tirent de la paix armée des bénéfices légitimes, mais très considérables; — d'autre part, les ardents patriotes qui, sans tenir compte des charges et du coût des choses, voudraient toujours voir leur patrie accroître sans limite leurs armées et leurs flottes.

Ce sont ceux-là mêmes qui, animés d'un ardent patriotisme, voient avec tristesse limiter ou réduire les dépenses de guerre, ce sont ceux que je désire le plus convaincre que les nations, les grandes puissances surtout, sont arrivées à une heure où elles doivent considérer avec effroi quelle charge écrasante pèse sur leurs épaules, au risque de les écraser et d'entraver la marche de tout progrès.

L'antique Carthage adorait une divinité redoutable, gardienne et protectrice de la cité : mais pour que la République fût prospère et victorieuse, il fallait à Moloch le sacrifice périodique de toute la fleur de la jeunesse punique. — Mieux que l'idole farouche, et plus efficacement qu'elle, nos vaillantes et glorieuses armées nationales sauvegardent l'honneur et défendent le sol de nos patries respectives. Mais bien fous et bien bornés sont ceux qui voient dans les armées des Molochs plus insatiables et plus avides encore que celui des Carthaginois et qui, adorateurs conscients et inconscients, voudraient que tout leur soit sacrifié : les ressources nouvelles, l'or, toutes les forces vives des nations !

Pour ma part, je crois, j'affirme même que dans tous les pays civilisés, quels qu'ils soient, les sacrifices actuels sont assez lourds ! Je ne songe pas à proposer, aujourd'hui, de les réduire :

Mon ambition va simplement jusqu'à faire admettre, par toutes les nations, cette idée que le jour est venu d'enrayer la marche ascendante des dépenses de guerre.

Admettez cette idée, mettez-la en pratique et vous n'aurez pourtant enrayé en quoi que ce soit le progrès en matière militaire.

M. Haldane, il y a quelques jours à peine, affirmait nettement que l'armée anglaise pouvait coûter meilleur marché et être plus puissante, plus efficace et plus forte. Je m'honore grandement d'être du même avis que M. le Ministre de la Guerre : toutes les armées du monde comptent des états-majors pléthoriques, des comités multiples et inutiles, des services hypertrophiés qui pourraient subir des réductions formidables. Pas une armée au monde ni sur terre, ni sur mer, ne tire un rendement maximum des sommes gigantesques qu'elle affecte à sa défense. Soit par esprit de tradition, soit par respect des personnes, toutes conservent des fonctions qui ne répondent plus à rien, des rouages sans utilité qui ne font que retarder, alourdir et renchérir la marche de toute la machine.

Les armées, les flottes, comme tous les organismes vivants qui, s'ils ne veulent pas s'atrophier et disparaître, doivent se transformer et progresser sans cesse. Mais ces transformations et ces progrès peuvent s'accomplir en restant dans la limite des immenses crédits actuellement fixés, dans tous les pays, pour l'entretien des troupes et des équipages, la construction des forteresses, des canons et des vaisseaux.

Il n'est pas un pays au monde dans lequel les crédits ne fassent défaut pour les fécondes œuvres de la paix : ici l'argent manque pour donner du pain à des millions d'hommes, la paix assurée à leurs vieux jours, la sécurité par une pension modeste ; ailleurs, pour féconder des territoires en y créant des voies d'accès, autre part enfin pour décupler la prospérité de l'industrie en améliorant le cours des rivières et en creusant de larges canaux.

Pas un peuple qui ne soit contraint de renoncer ou de surseoir à des travaux producteurs de richesse, ou à des dépenses ayant pour but de soulager la misère humaine ! et pas un peuple — ou presque — qui ne se croit forcé, à la même heure, de jeter de nouveaax millions dans le gouffre des dépenses militaires.

Je vous répète encore, Messieurs, que je ne songe en quoi que ce soit, aujourd'hui, à vous proposer de discuter la réduction de ces dépenses. Je m'efforce seulement de convaincre les délégués de tous les Parlements, qui sont ici réunis, qu'ils peuvent tous s'unir pour demander à chacun de leurs pays respectifs **l'arrêt absolu** de toutes les dépenses de guerre.

Si vous êtes unanimes sur ce point, je vous ferai une proposition encore plus précise et plus objective.

Je voudrais que, forts de l'appui de cette grande et illustre assemblée, un petit nombre de délégués, régulièrement investis par les groupes politiques qui, dans chaque Parlement, s'occupent d'arbitrage international, se réunissent d'ici à peu de mois dans telle ville qu'il vous plaira de désigner.

L'objet unique de cette réunion serait de préparer en quelque sorte le travail de la prochaine conférence de La Haye. On y discuterait les moyens à employer dans les pays civilisés — ou dans les pays parlementaires, c'est tout un — pour mettre un terme à l'accroissement général des budgets militaires, et pour maintenir ceux-ci dans les limites mêmes des chiffres qu'ils ont actuellement atteints.

Je vous prie, si vous êtes d'accord avec moi, de choisir la date et de fixer les conditions de réunion de ce Comité international dont le rôle peut être si grand et si magnifique. Il n'est, en effet, à mes yeux, rien de plus fécond, de plus utile, de plus généreux que d'arrêter la course folle par laquelle nous sommes tous plus ou moins emportés, que d'employer désormais toutes les sommes nouvelles, que rendra disponibles le progrès de la civilisation, non pour des œuvres de mort, mais pour des œuvres de vie, pour accroître la prospérité des nations et des individus, pour lutter contre la misère, la pauvreté et la mort en dotant largement les budgets d'assistance mutuelle, de solidarité et de fraternité humaines.

A. MESSIMY,

Député.

Discours de M. BEERNAERT

Ministre d'Etat de Belgique

Le premier objet, l'objet essentiel de la Conférence de La Haye, devait être le désarmement ou du moins la limitation conventionnelle des armede terre et de mer.

Nul n'a oublié l'effet profond que produisirent alors les déclarations du chef de la plus nombreuse armée du monde. C'était le Comte Mouravief, d'accord avec M. de Witte, qui les avait rédigées et nul n'avait encore parlé avec plus de sincérité et de précision.

. . . .

Une seconde circulaire du Comte Mouravief marquait déjà un pas considérable en arrière. Il ne s'agissait plus de mettre un terme « à ces dépenses excessives qui font qu'aujourd'hui la paix coûte plus cher qu'autrefois la plus sanglante des guerres ». Il ne s'agissait plus de réduire les armements et les dépenses, mais d'établir une sorte de *statu quo* conventionnel. Sur ce terrain, le Cabinet de Londres ne se montrait pas hostile et le premier Mars 1899, M. Goschen, 1er Lord de l'Amirauté, faisait, à la Chambre des Communes les déclarations catégoriques que l'on connaît.

. . . .

« Nous avons, disait-il, le sincère désir de voir la conférence alléger l'effroyable fardeau qui pèse sur les nations Européennes. »

L'effroyable fardeau ! M. Goschen répétait ainsi, dans ce qu'ils avaient de plus expressif, les termes de la circulaire Mouravief.

Un peu plus tard, M. Chamberlain s'exprimait, lui aussi, dans le même sens, dans une lettre citée par M. d'Estournelles à la tribune française.

Mais, à La Haye, on put s'apercevoir d'emblée que personne ne voulait d'une convention de désarmement, ou même d'armement limité. On me fit l'honneur, assurément peu mérité, de me nommer président de la première Commission, à laquelle étaient renvoyées les questions relatives à la guerre sur terre et sur mer ; mais il n'y avait pas à s'y tromper : un échec était inévitable ; *je n'étais que le président d'une Commission de pompes funèbres.*

La Russie ne maintint guère ses propositions ; elle les limita d'abord à un *statu quo* conventionnel de cinq ans et plus tard, à certaines conventions déterminant le calibre des fusils, leur portée, la force de la poudre et que sais-je encore ? Mais toutes ces propositions, cependant si modestes, furent successivement écartées, sauf cependant la prohibition des balles explosibles ou inutilement cruelles et celle du jet d'explosifs du haut de ballons, — cette dernière convention déjà aujourd'hui expirée, par l'échéance du terme.

Ce fut donc un échec pour les amis de la Paix et ils n'eurent pour se consoler, que l'adoption unanime d'un vœu proposé par M. Bourgeois à la première Commission et dont il n'est pas sans intérêt de rappeler les termes.

« La Commission estime que la limitation des charges militaires qui pèsent actuellement sur le monde est grandement désirable pour l'accroissement du bien être matériel et moral de l'humanité. »

Et ce même vœu, cette fois qualifié de résolution, figure presqu'au début de la convention du 29 Juillet 1899.

Pour le moment, ce n'était rien. Mais on ne peut méconnaître que pour l'avenir c'était un gage sérieux que de voir les représentants de presque tout l'univers civilisé exprimer l'avis qu'il était désirable de voir limiter les charges militaires, et cela en vertu d'une convention internationale.

Depuis, les faits ont menti à toutes les promesses de paix alors échangées et l'on a vu éclater des guerres exceptionnellement sanglantes. On a vu aussi, et ce me fut un vrai chagrin, méconnaître au cours de ces guerres toutes les promesses d'humanité qui venaient à peine d'être échangées. D'autre part, depuis les délibérations de La Haye, ces dépenses militaires et navales, que l'on proclamait intolérables, ont énormément augmenté.

Pour la période de dix ans, de 1894 à 1904, cette augmentation a été évaluée — exactement, je crois, — un milliard.

Il y a aujourd'hui, en Europe, près de six millions d'hommes sous les armes et chaque année notre vieux continent doit consacrer environ 14 milliards à ses dépenses militaires et à l'intérêt de ses dettes.

Le 23 février 1900 — l'encre des conventions de La Haye commençait à peine à sécher — la Chambre française, par 450 voix contre 108, invitait le Gouvernement « à présenter, dans le « plus bref délai, un programme de constructions « neuves pour la flotte. »

Et ce programme a été aussitôt présenté ; il prévoit des travaux s'étendant jusqu'en 1917 et comportant pour environ un milliard et demi de constructions nouvelles. Il y en a pour environ 120 millions par an ; c'est tout ce que les chantiers français comportent de possibilité de travail.

Et à ces dépenses extraordinaires, vraiment énormes, il faut ajouter le complément des dépenses ordinaires et celles qu'entraînent le service toujours augmenté des approvisionnements, les ports, les chantiers, etc.

Le 21 février 1905, M. C. Bos, rapporteur du budget de la marine, a dit à la Chambre qu'en 10 ans, la France a dépensé, pour l'entretien et l'extension de sa flotte, deux milliards neuf cent cinquante millions et que les dépenses navales et militaires ont augmenté annuellement d'environ quatre vingts millions.

Or, avec un budget de 4 milliards, la France peut-elle continuer dans cette voie ? Je ne le crois pas et il semble qu'une initiative partie d'Angleterre devrait trouver de l'écho en France, comme elle est sûre d'en rencontrer en Italie, puisque là du moins, le budget de la guerre n'a pas été augmenté. (1)

---

(1) M. Messimy, dans le discours qui précède, a établi qu'en France les augmentations de dépenses militaires et navales sont *bien inférieurs aux augmentations des dépenses allemandes,* dont l'honorable M. Beernaert ne fait pas mention ; de même qu'il ne fait pas mention des Etats-Unis d'Amérique dont le Gouvernement s'est pourtant formellement déclaré partisan de la limitation, formellement et officiellement.

L'on ne peut d'ailleurs méconnaître que dans le cours de ces dernières années, les idées de paix, de conciliation, d'arbitrage ont fait des progrès considérables.

De nombreux traités ont été conclus. De 1900 à 1905, plus de cinquante différends, de plus ou moins grande importance, ont été réglés arbitralement. En Europe, de graves intérêts ont reçu d'heureuses solutions. En Amérique, une vaste union embrassant tout le continent, a été établie sur les bases de eelle de La Haye. Au moment où je parle, ses représentants sont de nouveau assemblés et, bientôt sans doute, les deux unions n'en feront plus qu'une qui, cette fois, comprendra l'univers.

Le nouveau monde nous a même donné nn exemple d'un haut intérêt. Depuis longtemps, le Chili et la République Argentine semblaient devoir en venir aux mains et ils avaient développé leurs armements à outrance. Or, non seulement voici tous leurs différends réglés à l'amiable, mais ils ont limité conventionnellement leurs forces et vendu leurs vaisseaux de guerre. Je crois qu'on sait à Londres qui les a achetés....

Messieurs, ce qui doit dominer la situation c'est l'attitude de l'Angleterre. Il est juste de reconnaître que ses bonnes dispositions ne datent pas d'aujourd'hui. J'ai rappelé tantôt les paroles de M. Coschen. Plus énergique encore se montra Sir Campbell Bannerman au nom de la minorité. Il prit alors l'initiative d'une proposition de limitation des armements et l'on a pu voir, par son noble langage d'hier, que ce n'était pas là seulement de ces vains propos que parfois l'on tient dans l'opposition.

Ce sera donc dans des conditions nouvelles et vraiment favorables, qu'au printemps prochain, les puissances se rencontreront de nouveau à La Haye et l'on peut concevoir à ce sujet de grandes espérances.

Mais voici qu'il semble que la limitation des armements ne figure plus dans le programme proposé par la Russie et ce serait là assurément chose grave. On y pourrait voir le désaveu, par la Russie, de ses initiatives antérieures. Mais après avoir proclamé, en 1899, que le fardeau des budgets militaires était devenu intolérable, comment pourrait-elle trouver normaux des chiffres beaucoup plus élevés ?

Et, d'autre part, comment l'Europe, dont les représentants ont unanimement voté la proposition de M. Bourgeois, aurait-elle, elle aussi, changé d'avis ? Et cela se constaterait-il comme cela, sans rien dire, sans explication, par une simple prétérition, comme s'il s'agissait de choses négligeables et peu dignes d'attention ? Chacun continuerait à maudire le courant qui nous mène rapidement à la banqueroute, mais sans essayer de s'y dérober !

Vraiment, Messieurs, cela me paraît impossible et, tout au moins cette Assemblée, vouée aux choses de la paix, n'approuvera-t-elle pas semblable indifférence.

Je lui propose d'émettre formellement le vœu de voir inscrire la question d'une convention limitative des dépenses militaires au programme de la prochaine conférence et cette proposition me paraît suffisamment justifiée par ce qui vous a été dit déjà et par ce que je viens de dire encore.

Discours de MM. le Colonel Marius CAMPAN (Italie), EICKHOFF, (Allemagne), ROBERTSON (Angleterre), BRYAN, BURTON et BARTHOLDT, (Etats-Unis), en faveur de la limitation des armements.

*
* *

A notre grand regret nous n'avons pu nous procurer le texte de ces discours animés du même esprit que les précédents et concluant tous au vote de la résolution unanime en faveur de la limitation des armements acclamée par la conférence.

APPENDICE

UNION

ET

Conférence Interparlementaire

Commission du Parlement International

Nous croyons devoir reproduire les procès-verbaux des séances tenues à Paris par la Commission instituée à la suite de la conférence de Bruxelles pour examiner le projet de M. Bartholdt, membre du Congrès Américain, en vue d'étudier dans quelle mesure il serait possible de constituer un Parlement International.

Séances des 18 et 19 Novembre 1905

La Commission nommée par la **Conférence Interparlementaire** tenue à Bruxelles, au mois d'Août 1905, pour statuer sur la proposition de l'honorable M. Richard Bartholdt, relativement à la constitution d'un Congrès (Parlement) International, ayant tenu à Paris quatre séances les 18 et 19 Novembre, sous la présidence de M. Stanhope, a émis les avis suivants :

La Commission regrette que quatre de ses membres, MM. le comte Apponyi, le marquis Pandolfi, l'hon. Richard Bartholdt, et M. H. Horst, retenus par d'impérieuses obligations nationales et excusés, n'aient pu assister à cette réunion ; elle a eu cependant l'avantage de recevoir de chacun d'eux des rapports écrits contenant de très intéressantes suggestions touchant les importantes questions dont elle est saisie.

M. Bartholdt, dans une communication arrivée seulement la veille de la réunion de la Commission, nous a demandé de prendre en considération une idée qu'il a conçue après la clôture de la Conférence de Bruxelles, et qu'il tient à soumettre à notre examen comme une étape vers notre but, et qui n'offrirait pas autant d'inconvénients reconnus que la création prématurée d'un Parlement International : c'est-à-dire la formation par chacune des différentes puissances d'un **Comité** ou **Conseil d'État** pour les Affaires Étrangères.

Ce Comité, composé des personnalités les plus autorisées dont la mission serait de connaître, à titre de conseil, de toutes les questions d'un caractère international, se réunirait périodiquement pour échanger ses vues avec les Comités correspondants des autres Etats, afin d'arriver, autant que possible, à une action commune internationale.

La Commission a également reçu, lors de sa réunion, une communication des plus probantes et approfondies du baron d'Estournelles de Constant et exprime le désir qu'elle soit publiée. Par cette communication, M. d'Estournelles de Constant rend chaleureusement hommage à l'initiative de M. Richard Bartholdt ; il résume les difficultés qui s'opposent, dans l'état actuel du monde, à la constitution d'un Parlement International ; il envisage les services que peuvent rendre, dès à présent, le développement de l'Union Interparlementaire et l'action concertée des divers Parlements du monde ; il conclut en suggérant l'organisation, aussi prochaine que possible, d'un **Ministère International** dont il suffirait de coordonner les éléments déjà existants.

*
* *

Il apparaît à la Commission que les deux propositions, c'est-à-dire l'établissement d'un Parlement International et la constitution d'un Ministère International sont étroitement connexes ; elles font partie d'un même plan général et sont comprises dans l'idéal vers lequel tous les efforts de l'Union Interparlementaire doivent tendre et dont la réalisation dernière est, à notre avis, le résultat nécessaire des forces actuellement en action dans notre vie nationale et internationale. La Commission exprime le vœu que ces deux propositions, ainsi que les propositions similaires antérieures d'autres membres de l'Union, notamment celles de M. La Fontaine sur la nécessité d'un budget international, soient étudiées attentivement par chacun des membres de l'Union et que, dès à présent, leur objet devienne aussi familier que possible à l'opinion publique internationale.

Bien que trois de ses membres seulement aient été présents (après avoir pris toutefois en considération les très intéressantes suggestions formulées par ses sept membres et en avoir pleinement apprécié l'importance), la Commission a tenu à constater ce qui lui semble avoir reçu dès à présent l'approbation de tous ses membres : les propositions auxquelles elle croit pouvoir s'arrêter comme étant désormais acquises et hors de discussion se résumant dans les trois points suivants :

1° Assurer par les meilleurs moyens possibles la continuité et la périodicité des réunions jusqu'à présent occasionnelles de la Conférence de La Haye.

2° Déterminer le mode le plus convenable de créer un Conseil dûment qualifié, chargé de la codification et du développement du droit des gens et de l'unification, dans la mesure la plus large possible, des diverses lois nationales.

3° Trouver le moyen le plus convenable pour assurer dans la conduite des relations internationales une juste part à la représentation populaire et parlementaire.

En ce qui concerne le premier point, il convient de s'inspirer des suggestions très utiles contenues dans les rapports de MM. Stanhope et Pandolfi, en faveur de la transformation de la seconde Conférence de La Haye en un Congrès International ayant des réunions automatiques et périodiques.

Quant au second point, il serait possible d'adopter, dans une certaine mesure, la nouvelle proposition de M. Bartholdt en faveur de la création de Comités nationaux des relations extérieures ; il y a lieu de recommander le choix par chacun des États, comme délégués à la prochaine Conférence de La Haye, de personnalités d'une compétence hautement reconnue qui pourraient être ultérieurement désignées pour former le Conseil en question.

Relativement au troisième point, la Commission, après avoir mûrement pesé les observations développées par le comte Apponyi, estime qu'il est opportun d'inscrire le plus tôt possible à l'ordre du jour de l'Union la question de savoir si l'Union Interparlementaire elle-même ne pourrait pas exercer une puissante action morale et populaire sur le fonctionnement de la seconde **Conférence de La Haye** et, plus tard, du **Congrès Intrenational**. Il va sans dire que l'exercice de cette action nécessiterait la réorganisation de l'**Union Interparlementaire**. Cette question ne saurait être longtemps ajournée, dans l'intérêt même de l'**Union**, dont l'autorité et la valeur doivent augmenter avec le rôle si important pour lequel elle a été créée et en proportion des services qu'elle a déjà rendus.

La Commission tient à soumettre ces questions à l'approbation de tous ses membres et ajourne, en conséquence, sa prochaine séance à une date ultérieure qui sera fixée par son Président, après avoir pris l'avis de ses collègues.

Philip STANHOPE.
D'ESTOURNELLES DE CONSTANT.
H. LA FONTAINE.

Les Secrétaires : Jules Rais, Hayne-Davis.

Paris, 19 Novembre 1905.

Séances des 19 et 20 Avril 1906

La Commission, nommée par la Conférence Interparlementaire de 1905, ayant décidé, dans ses séances des 18 et 19 novembre, à Paris, de s'ajourner à une date ultérieure pour consulter tous ses membres, s'est réunie de nouveau, sur la convocation de son Président, lord Weardale,

(Philip Stanhope), les 19 et 20 avril, à Paris, à la Chambre des Députés.

Etaient présents : Lord Weardale, (Philip Stanhope.) M. H. La Fontaine, M. d'Estournelles de Constant. — Secrétaire adjoint : M. Jaudon.

Excusés : MM. le comte Apponyi, le marquis Pandolfi, Richard Bartholdt, Horst.

*
* *

Le Président ouvre la séance en donnant à ses collègues communication de l'approbation exprimée par les membres absents quant aux questions qui leur ont été soumises ainsi que de leurs observations concernant les questions réservées.

Après cette lecture, la Commission constate que l'unanimité de ses membres approuve ses propositions, telles qu'elles ont été formulées dans le procès-verbal précédent des séances des 18 et 19 novembre.

On se rappelle que ces propositions étaient résumées en trois points. En ce qui concerne le premier et le second point, la Commission estime que, la deuxième réunion de la Conférence de La Haye devant être remise à l'an prochain, elle doit porter principalement son examen, quant à présent, sur le numéro 3. Elle tient néanmoins à confirmer expressément son opinion quant aux points 1 et 2 et déclare en conséquence :

1° Qu'il y aurait avantage à transformer la deuxième conférence de La Haye en un Congrès International avec réunions automatiques et périodiques ;

2° Que les puissances, en nommant leurs représentants à la deuxième Conférence de La Haye, pourraient utilement leur donner pour instruction de rechercher les moyens de constituer un Conseil permanent dûment qualifié, chargé de la codification et du développement du droit des gens et de l'unification, dans la mesure la plus large possible, des diverses lois nationales.

*
* *

L'accord étant hors de doute et bien établi sur ces deux questions, la Commission, dans ses deux séances du 19 avril et dans sa séance du 20, a concentré toute son attention sur le troisième point, c'est-à-dire : le moyen le plus pratique d'attribuer peu à peu à l'Union le caractère et la fonction d'une véritable représentation internationale, répondant ainsi au vœu de M. Bartholdt, approuvé en principe par la conférence de Bruxelles.

Au cours de ses délibérations, et après avoir recherché par quelle méthode et par quels procédés elle pourrait le plus utilement favoriser cette évolution, la Commission n'a pas tardé à reconnaître qu'elle se heurtait sans cesse à une difficulté préalable et toujours la même : la nécessité d'une nouvelle révision des statuts de l'Union Interparlementaire.

Cette nouvelle révision, conforme d'ailleurs, non seulement à la nature des choses, mais aux précédents déjà établis par les conférences de Kristiania, 1899, et de Bruxelles, 1905, est devenue indispensable et urgente ; l'Union Interparlementaire doit suivre, d'aussi près que possible, dans sa constitution, les continuels progrès réalisés dans les divers Parlements par les idées qu'elle a pour mission de promouvoir. Son autorité ne peut s'exercer avec efficacité sur l'opinion et sur les gouvernements qu'à la condition que l'Union sera toujours la représentation fidèle, actuelle, et responsable des corps électoraux des divers pays.

La Commission est unanime à constater en effet qu'il y a disproportion flagrante entre le progrès des idées de justice internationale dans chaque Parlement et l'expression collective de ces idées dans la représentation commune des divers Parlements.

La grande idée d'une coopération parlementaire internationale a trouvé sa première expression dans la constitution de l'Union Interparlementaire, mais il n'est pas possible de nier que le progrès de cette idée, dans chacun des Parlements nationaux, a de beaucoup dépassé la marche et le développement de l'Union elle-même et que celle-ci, pour répondre aux intentions, à la fois pratiques et idéales, de ses fondateurs, doit apporter dans sa constitution et dans son organisation des modifications profondes.

A défaut de ces modifications générales, les efforts particuliers de chaque Parlement resteront plus ou moins isolés et les travaux de l'Union elle-même seront stériles.

La Commission, après avoir longuement, et en toute conscience, examiné la question, a recherché les causes de cette situation contradictoire.

Il en est beaucoup malheureusement parmi elles qu'il ne dépend pas de nous de faire disparaître du jour au lendemain, car elles sont inhérentes à la lenteur même du progrès.

Il y en a d'autres, au contraire, auxquelles il serait facile de porter remède, dès à présent ; la Commission croit devoir notamment insister sur les points suivants :

1° La situation du Bureau, à Berne, semble trop en dehors de la circulation générale. Cela est si vrai que le Conseil Parlementaire, au lieu de se réunir à Berne, a toujours tenu ses séances à Bruxelles. L'expérience paraît ainsi démontrer que notre Bureau serait plus accessible, plus fréquenté, et par conséquent plus actif, s'il se trouvait dans une ville géographiquement mieux située, telle par exemple que La Haye ou Bruxelles.

2° L'organisation de l'Union est aussi très défectueuse à un autre point de vue : le système actuel de recueillir les votes de la Conférence, donne une prépondérance inévitable aux représentants du pays où la réunion a lieu et soulève, par suite, les plus légitimes objections.

3° La question d'un budget régulier de l'Union doit être discutée et résolue.

4° Dans un autre ordre d'idées, la décision de la Conférence de Kristiania d'admettre, avec droit de vote, les anciens membres de la Conférence qui n'appartiennent plus à aucun Parlement, a été interprétée trop largement, à tel point que le caractère parlementaire essentiel de la Conférence est, dans une certaine mesure, perdu de vue ou dénaturé.

La Commission est d'avis qu'il y a lieu de réviser le plus tôt possible cette disposition, et d'en limiter équitablement la portée.

Il y aurait toujours lieu, bien entendu, de faire exception pour ceux des membres qui ont rendu des services marquants. Mais il est évident que, sauf ces exceptions, et d'une façon générale, les membres de l'Union qui ont cessé d'appartenir au Parlement de leur propre pays et qui perdent, par ce fait même, une partie de l'autorité et de la responsabilité nécessaires au bon fonctionnement de l'Union, ne sont plus qualifiés pour en faire partie.

*
* *

La Commission, dans sa séance du 20 avril, estime qu'elle a rempli le mandat que la Conférence lui avait confié, et décide de transformer en propositions les observations qui précèdent pour les transmettre d'urgence au Conseil. Elle enverra, en conséquence, une copie des compte-rendus de ses séances de novembre 1905 et d'avril 1906 à chaque membre du Conseil, et son Président insistera pour que le Conseil se réunisse et statue au plus tard à la fin du mois de mai prochain.

En même temps, la Commission proposera au Conseil de provoquer la réunion cette année d'une Conférence spéciale, en vue de discuter les rapports des deux Commissions constituées à Bruxelles et de procéder d'urgence à la révision des statuts.

WEARDALE. (Philip STANHOPE).
D'ESTOURNELLES DE CONSTANT.
H. LA FONTAINE.

Le Secrétaire : P. JAUDON.

Paris, 21 Avril 1906.

DERNIÈRE HEURE

(25 Novembre 1906)

La Conférence Panaméricaine

L'Invitation aux Parlements Américains

Au moment où nous venions de donner le bon à tirer du présent bulletin, nous avons reçu du Président du Congrès Panaméricain de Rio Janeiro, l'honorable M. Joachim Nabuco, Ambassadeur de la République du Brésil à Washington, les communications les plus satisfaisantes.

M. J. Nabuco, d'accord avec le Baron Rio Branco, Ministre des Affaires Etrangères du Brésil, a envoyé à tous les Parlements Américains une copie, imprimée par ses soins, de l'invitation du Groupe de l'Arbitrage français. N. Nabuco a recommandé cette communication à toute l'attention de ses collègues des autres Parlements Américains. En outre, de retour à son poste d'ambassadeur à Washington, il a pris lui-même la chose en mains. Il est superflu d'ajouter qu'en cette matière, M. Elihu Root, le très distingué Ministre des Affaires Etrangères du Président Roosevelt, donnera, une fois de plus, la preuve effective de ses hautes sympathies pour notre cause.

La question est donc en bonne voie ; après un mauvais départ, tout permet d'espérer qu'elle aboutira à une heureuse solution.

*
* *

Groupe de l'Arbitrage

Dans sa séance du 21 Novembre dernier, le Groupe de l'Arbitrage a décidé de notifier au Ministre des Affaires Etrangères de France les résolutions votées par la Conférence de Londres et notamment les résolutions relatives à la création d'un budget de la paix et à la limitation concertée des armements.

Le Groupe a émis le vœu que cette dernière question soit l'objet d'une étude approfondie pour ce qui concerne la France. Le Ministre des Affaires Etrangères, en réponse à cette communication, a déclaré au Président du Groupe que telle était également sa manière de voir et que les différents départements ministériels intéressés avaient déjà désigné les membres de la commission chargée de préparer le programme de la prochaine conférence de La Haye.

*
* *

Conciliation Internationale

L'Assemblée générale annuelle de la Conciliation Internationale est fixée au Dimanche 23 Décembre. Elle se tiendra au siège de la Société, 119, rue de la Tour, à 5 heures.

Dans sa séance du 12 novembre, le Conseil municipal de Paris a voté une subvention de 1,000 francs à la Société de Conciliation Internationale. De son côté, la Chambre de Commerce de Paris a voté une subvention de 500 francs.

*
* *

La Médaille

Nous rappelons qu'une très belle médaille a été spécialement frappée pour chacun des membres du Groupe de l'Arbitrage. Cette médaille est, à l'avers, semblable à celle qui a été remise aux sauveteurs allemands ; mais au revers elle porte cette inscription en relief :

Groupe Parlementaire français de l'Arbitrage International, avec le nom du membre du Groupe gravé au dessous.

La médaille de la Conciliation est semblable avec cette différence qu'au revers, elle porte en relief cette inscription circulaire : *Conciliation Internationale,* et cette inscription centrale : *Pro patria per orbis concordiam.* Le nom de chaque membre est gravé sous cette inscription.

Le prix de l'une ou l'autre médaille chez l'Editeur Godard, 37, quai de l'Horloge, Paris, est de 3 fr. 60, avec la gravure du nom, — 3 fr. sans la gravure.

TABLE DES MATIÈRES

PAGES

PREMIERE PARTIE

Bilan du Groupe de l'Arbitrage

DEUXIEME PARTIE

La Conférence de Londres et la Limitation des Armements

LA FLÈCHE. — IMPRIMERIE CHARIER-BEULAY.

Collection de la Conciliation Internationale

1. Notice biographique.
2. Le péril prochain. L'Europe et ses rivaux.
3. Concurrence et chômage.
4. Le Péril Jaune.
5. Contre la représentation coloniale.
6. Contre la pornographie.
7. Pour l'Agriculture.
8. Pour les Transports.
9. Pour la Loire navigable.
10. Lettres de La Haye.
11. Les résultats de la Conférence de La Haye.
12. Les Intérêts Nationaux.
13. L'Alsace-Lorraine.
14. Le Transvaal et l'Europe divisée.
15. Vers la Fédération Européenne.
16. Programme du Groupe de l'Arbitrage.
17. Discours de Buda-Pesth.
18. Discours de Chicago.
19. Discours de Londres.
20. Lettres d'Amérique.
21. Le rapprochement franco-anglais.
22. Le Mouvement pacifique.
23. [illegible]
24. La Conciliation Internationale.
25. La réception des [illegible].
26. L'organisation de la Paix (1).
27. La politique des temps nouveaux (1) (Discours et artic[illegible]
28. Le Mensonge du Pacifisme.
   [illegible] F. Brunetière.
29. Pour la limitation des Dépenses Navales
   Traduction allemande par [illegible] (Berlin, Vienne, Leipzig)
   Traduction anglaise par M [illegible] par
   M[illegible] (Londres)
30. La France peut-elle s'entendre avec l'Allemagne.
31. Les deux politiques.
32. Le problème de la paix.
33. Pour l'Arbitrage. [illegible] publié en 12 langues.
34. La Limitation des Armements à la Conférence Interparlementaire de Londres. En Français, édité par la [illegible]. Traduction allemande par Alfred H. Fried, Berlin; traduction anglaise en préparation.
35. L'Entente Cordiale est un commencement. Traduction anglaise (Edimbourg)

(1) Les publications marquées d'une (1) sont en préparation. Les numéros 2 à 16, les numéros 17, 18, 20, 30, sont épuisés.

[illegible] Typo-Litho. Charles-Boulay

www.ingramcontent.com/pod-product-compliance
Ingram Content Group UK Ltd.
Pitfield, Milton Keynes, MK11 3LW, UK
UKHW020314230726
13925UKWH00002B/409

9 782013 282031